脳を最適化すれば能力は2倍になる

脳内物質で仕事の精度と速度を上げる方法

精神科医
樺沢紫苑

文響社

目次

序章

あなたの働き方は あなたの脳が決めている

1 ドーパミン仕事術

幸福物質を自在に操り、モチベーションを上げまくれ！

2 ノルアドレナリン仕事術

「恐怖」と「プレッシャー」で仕事効率を上げろ！

3 アドレナリン仕事術

「怒り」と「興奮」を味方に変える

4 セロトニン仕事術

「癒し物質」で、朝仕事の効率化と気分転換

5 メラトニン仕事術

「睡眠物質」で完全リフレッシュ

6 アセチルコリン仕事術

「認知機能」と「ひらめき」を高める方法

7 エンドルフィン仕事術

「脳内麻薬」を味方につける究極の仕事術

序章

あなたの働き方は あなたの脳が 決めている

☑ 脳の機能を十二分に引き出せば あなたの仕事は変わる

毎日の仕事は「科学的な根拠」で変えよう！

私はよく、次のような質問を受けます。

「どうやれば、モチベーションを上げられますか？」

「どうやれば集中力が高まりますか？」

確かにモチベーションや集中力は、日常的な仕事において、非常に重要な要素です。多くのビジネスパーソンは、「モチベーションを高めてバリバリ働きたい！」「集中力を高めて一気に仕事をこなしたい！」と思っているでしょう。

既刊のビジネス書にも、モチベーションアップの方法や、集中力を高める方法について書かれた本はたくさんあります。

その中には、１人の著者の経験をもとにしただけの本や、客観的な根拠もなく、再現性もはっきりとしない本が少なくありません。単なる精神論もあり、本当に効果があるのか怪しいものです。

近年の脳科学の進歩によって、脳の機能はかなり解明されています。

やる気。
集中力。
学習力。
記憶力。
想像力。
作業効率。

そうした人間の能力について、脳のどの部分がどのように関与しているのか、それぞれを高めるためには何をしたらいいのかということが、かなり具体的にわかってきました。

私は精神科医として患者さんを診察するかたわら、15年ほど脳科学研究に携わりました。米国シカゴのイリノイ大学に3年間留学し、セロトニンやドーパミン、さらにはGABA（γ-アミノ酪酸／Gamma-Aminobutyric Acid）などの脳内物質が、うつ病や自殺者の脳でどのように変化しているのかについて調べました。

その間、たくさんの論文や本を読み、いろいろと勉強しました。

ただ、私が携わっていた生化学や分子レベルの仕事というのは、治療に役立つまでに10〜20年もかかります。気の遠くなるような仕事なのです。

私は日々の実験を続けるうちに、「こうした脳内物質の知識を、もっとすぐに役立てる方法はないのか……」と思うようになりました。

例えば、ドーパミンのモチベーションや動機づけに関する働き。

セロトニンの意欲や気分に関する機能。

ヒトや動物を使った研究や実験で裏付けられた脳科学的に確からしい知見。

こうした、すでに解明されている脳内物質の基本的な働きを、「ごく普通のビジネスパーソン」に知ってもらうことで、仕事に画期的な変化が起きるのではないかと思うのです。

そのための具体的な方法を、科学的根拠に基づいて身につけて、仕事力をパワーアップしてほしい。苦しい仕事が楽しくできるように変換し、もっと楽な形で脳のポテンシャルを高めて、効率的に仕事をこなしてほしい。

そうした思いから執筆したのが、この『脳を最適化すればあなたの能力は2倍になる』です。

精神科医だから書ける「オンリーワンのビジネス書」

既存の仕事術は、脳の仕組みにかなっていないものがたくさんあります。

よく見かけるのが、「気力で乗り切れ!」「最後まで頑張り抜け!」のように、精神論をふりかざすものですね。

実際には、不快感を覚えながら仕事をすると、「ノルアドレナリン」や「コルチゾール」が分泌されます。脳は不快を無意識に避けるようにプログラムされていますから、不快な仕事を根性で続けたとしても、効率は全く上がりません。

それどころか、「嫌なこと」を何ヶ月も続けると、それは大きなストレスになり、あなたの心と身体をむしばむのです。効果が上がらないだけではなく、健康を害する可能性すらあるわけです。

脳の仕組みに反する仕事術は、サイドブレーキをかけたままアクセルを踏んで、車を発進させるようなものです。百害あって一利なし。

だからこそ、脳の仕組みにかなった仕事術をしていただきたいと思います。

脳が自然にドーパミンを出すことを促せば、モチベーションが上がります。作業効率や学習効率、さらには記憶力までアップします。

つまり、生活習慣や働き方を変えるだけで、あなたの能力が大幅に引き上げられ、仕事の効率も質も大きく改善されるのです。

こうした作用はドーパミンに限りません。脳科学に即した本書の脳内物質を最大限に活用する「脳内物質仕事術」を実行すれば、あなたは仕事を最大限に効率化しながら、ストレスは最小限に減らせます。しかも脳の機能にマッチしているだけに、頑張りすぎて身体を壊したり、うつ病になる危険性も激減します。

これは精神科医として、非常に喜ばしいことです。この本によって心身の健康が望めることは、私がビジネスパーソンに役立つ仕事術を書いた真の理由でもあります。

本書は、「精神科医でなければ書けないビジネス書」になっているはずです。

「脳内物質」ごとに、違った役割と活用法がある！

脳内物質について書かれた本はたくさんあります。ドーパミンに関しては茂木健一郎先生の『脳を活かす勉強法』（ＰＨＰ研究所）、セロトニンについては有田秀穂先生の『脳からストレスを消す技術』（サンマーク出版）などが有名です。

これらは名著ではありますが、個別の脳内物質に絞って話が展開されています。各種の脳内物質について横断的に書かれた本、それも「仕事術」という形で、ビジネスパーソンにもわかりやすくすぐ読めて、すぐに役に立つノウハウにまで掘り下げた本は、ほとんど見られません。

本書では、脳の仕組みや機能を「脳内物質」という視点から俯瞰的に理解しながら、ビジネスに役立つ「即効性のある能力アップのノウハウ」をふんだんに盛り込んでいます。

脳の働きというのは非常に複雑です。それをできるだけ単純化し、シンプルに理解できるようにしました。日常的な具体例を出し、平易な表現を使うよう心がけています。模式図なども使っています。

それだけに、専門家の方が読むと、「あまりにも単純化しすぎである」とか、「説明が不充分である」といった指摘も出るかもしれません。

ですが、「学術書」ではなく「ビジネス書」として、一般ビジネスパーソン向けにわかりやすく書いているという点を、ご理解いただきたいと思います。

本書をお読みになり、脳内物質や脳科学に興味を持たれた方は、巻末の「参考文献」で紹介した専門の研究者の方々が書かれた学術書、専門書を読み、さらに知識を深めていただければと思います。

ぜひ最後までお読みになり、脳の機能を十二分に引き出す方法を学び、あなたの仕事に画期的な変化を起こしてください！

意外と知られていない「脳内物質の基礎知識」

人間の感情は脳内物質でつくられている

人間の脳の中には、数百億個もの神経細胞が存在し、それらは相互に複雑なネットワークを形成しています。

この脳の神経系は電気の配線のように、全てつながった状態のイメージが持たれがちですが、実際はそうではありません。神経細胞と神経細胞の接合部分には、「シナプス」と呼ばれる20ナノメートルのわずかなすき間があります。

シナプス前膜からは「神経伝達物質」が分泌されており、シナプス後膜にはその神経伝達物質を受け取る「受容体」があります。

シナプスと神経伝達物質

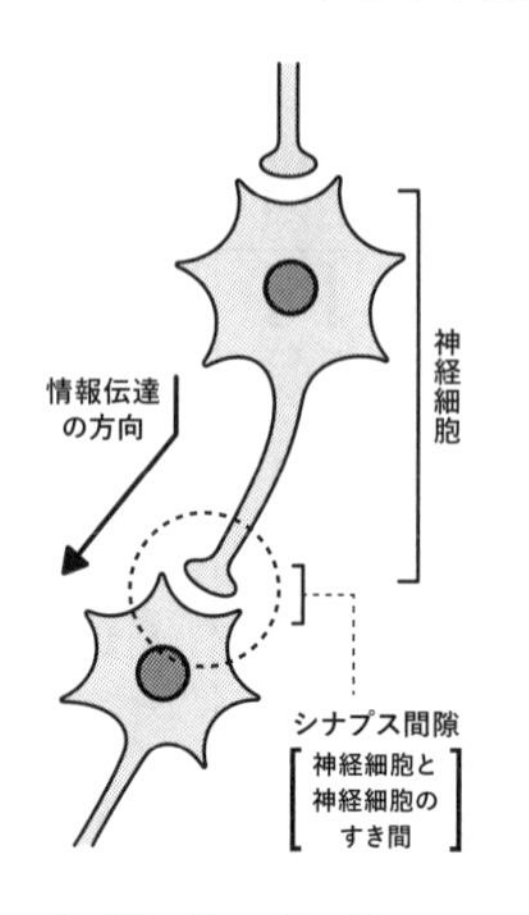

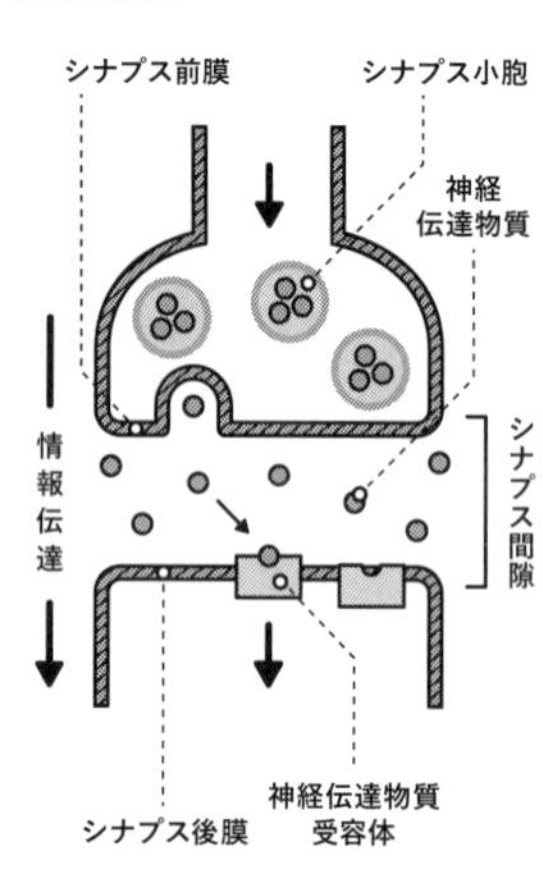

つまり、神経伝達物質が受容体と結合することで、刺激が伝達されるのです。

いきなり神経伝達物質と言われると、やたらと難しく感じられて、拒否反応を示してしまう人もいるでしょう。そこで正式な学術用語ではありませんが、本書では神経伝達物質の俗称とも言える「脳内物質」という言葉を使って説明させていただきます。

どの脳内物質を、どのように分泌させるかで、神経のネットワークのつながり方が変わってきます。それだけに、脳内物質についての知識を深め、それぞれの役割を知ることで、あなたの感情やモチベーションをコントロールできるのです。

脳内物質は非常に多く、100以上も存在します。その中でも脳の重要な役割を担っており、非常に研究も進んでいる代表的な脳内物質を、本書では取り上げています。

具体的には、次の7つの脳内物質です。

・ドーパミン
・ノルアドレナリン
・アドレナリン
・セロトニン
・メラトニン
・アセチルコリン
・エンドルフィン

この7つの脳内物質こそが、あなたのモチベーションや働き方を変え、あなたの人生まで変えてくれる奇跡の物質なのです。

『エヴァンゲリオン』と7つの脳内物質

各々の脳内物質に関わる仕事術を紹介していく前に、それぞれの役割を簡単に把握していただきたいと思います。脳内物質の違いについて、なんとなくでもイメージを持っていると、本書が読みやすくなるでしょう。

とはいえ、脳内物質についてわかりやすく説明することは、簡単そうで難しいことです。いろいろと悩んだ結果、多くの人が知っているキャラクターに当てはめて、それぞれの違いを説明することにしました。

そこで登場するのが、大人気アニメの『新世紀エヴァンゲリオン』です。世代を超えて受け入れられている作品だけに、ご存じの方も多いでしょう。何本も映画化されていますし、パチンコにもなっています。

作品の主人公は碇シンジ。このシンジの有名なセリフが、「逃げちゃダメだ」です。パイロットとしてエヴァに乗り込み、謎の敵・使徒と直面するたびに、シンジは恐怖に支配され、「逃げたい」という衝動に駆られます。

こうした局面で分泌されるのが「ノルアドレナリン」です。ノルアドレナリンは「闘争と逃走のホルモン」とも呼ばれています。闘うか、逃げるか。そうした選択と行動が必要とされる危機的な状況で分泌されるのです。ノルアドレナリン分泌は、あまりに長期に及ぶと「うつ病」になります。テレビシリーズ後半のシンジは、エヴァンゲリオンのパイロットをやめようか悩んでいました。自分のふがいなさを自分で責め、気分は沈み、抑うつ的になっていました。

また映画『シン・エヴァンゲリオン劇場版:||』の冒頭では、シンジは明らかなうつ状態として登場していました。

シンジに見られたのは、まさにノルアドレナリンが長期にわたり分泌されたときの、感情変化そのものと言えるでしょう。

自分に自信が持てず暗いイメージのシンジと正反対の性格で、常にポジティブ思考で行動する元気娘がアスカ・ラングレーです。アスカは「ドーパミン」を象徴するようなキャラクターと言えます。

ドーパミンはモチベーションの源。いつもモチベーションの高いアスカは、ドーパミンがたくさん分泌されているはずです。

ドーパミンはより高い目標、より困難な目標を立てると分泌されます。困難な状況に追い込まれるほど、俄然やる気を見せるアスカの性格は、そうしたドーパミンの特徴に合致します。

いつも物静かで言葉数も少ない綾波レイ。常に平静な心で使徒と戦い、命の危機に瀕したときも冷静さを失いません。

彼女の心おだやかな状態は、まさに「セロトニン」が分泌されています。セロトニンがほどよく分泌された状態は、僧侶が座禅をしているときのように、心が静かな状態になります。激しい情動をコントロールし、心に冷静と落ち着きをもたらすのです。

彼女のもの静かな雰囲気は、実にセロトニン的と言えます。

勇猛果敢なネルフ作戦部長の葛城ミサト。彼女は大胆かつ攻撃的な作戦を立案し、いつもエネルギッシュです。使徒と戦うときには、実に勇ましく生き生きとした表情を見せます。きっと「アドレナリン」が分泌されているのでしょう。

アドレナリンは「闘争ホルモン」です。

闘いに直面したとき、あるいは実際に闘っている最中に分泌されます。

シンジやレイの搭乗したエヴァンゲリオンを指揮し、作戦を統括する「闘う女」ミサトの姿は、アドレナリンのイメージにピッタリです。

エヴァの開発責任者である科学者の赤木リツコは、理知的、現実的で、非常にクールな性格です。エヴァンゲリオンの改良や分析に関して、独自の分析や奇抜なアイデアを提案する発想力と、冷静に仕事をこなす集中力を持っています。

発想力と集中力を担う脳内物質が「アセチルコリン」です。リツコのキャラクターは、アセチルコリンと深く結びついています。

また、アセチルコリンは全身の臓器をクールダウンする「副交感神経」の伝達物質でもあります。交感神経（アドレナリン）と副交感神経（アセチルコリン）の関係は、行動的なミサトと沈着冷静なリツコの関係にも似ています。

脳内物質の概略

	一言で言うと	関連する感情・気分	その他の関連キーワード
ドーパミン	幸福物質	幸福　快感	報酬系　学習脳
ノルアドレナリン	闘争か逃走か	恐怖　不安　集中	ストレス反応　ワーキングメモリ 仕事脳　交感神経
アドレナリン	興奮物質	興奮　怒り	交感神経（昼の神経）
セロトニン	癒しの物質	落ち着き　平常心	心の安定　共感脳
メラトニン	睡眠物質	眠気	回復物質　アンチエイジング
アセチルコリン	記憶と学習	ひらめき	副交感神経（夜の神経） ニコチン　シータ波
エンドルフィン	脳内麻薬	多幸感　恍惚感	アルファ波

テレビシリーズ終盤に登場する謎めいたキャラクター、渚カヲル。彼の正体は「最後の使徒」だったわけですが、圧倒的、超越的な強さと自信にあふれています。

僧侶が荒行の末、悟りの境地に達したときに分泌されるのが「エンドルフィン」で、カヲルの人智を超えた超越的な雰囲気は、エンドルフィンの分泌と通じるものがあります。

これで本書に登場する7つの脳内物質のうち6つを、エヴァンゲリオンのキャラクターに当てはめて説明しました。残る脳内物質は「メラトニン」です。

メラトニンは「睡眠物質」であり、濃度が高まると眠気が起こり、スムーズに睡眠へと至ります。眠りと直結したキャラクターは、さすがにエヴァンゲリオンに出ていないだろうと思ったのですが、よく探してみるといました！

鈴原トウジです。シンジの同級生で、いつもジャージ姿の体育会系キャラ。

彼はよく授業中に、「居眠り」をしているではないですか！

おそらくメラトニンが多めに分泌されているのでしょう（笑）。そういえば彼も、のちにエヴァンゲリオン3号機に搭乗しています。

メラトニン（睡眠）とトウジのイメージがオーバーラップしたところで、7つの主要な脳内物質を、エヴァンゲリオンのキャラクターで説明することができました。それぞれのおおよそのイメージが、あなたの中にできあがったはずです。

学術的で近寄りづらい雰囲気の脳内物質ですが、実際には、私たちの日常的な行動や感情と深く関わり合っているのです。

脳内物質のバランス

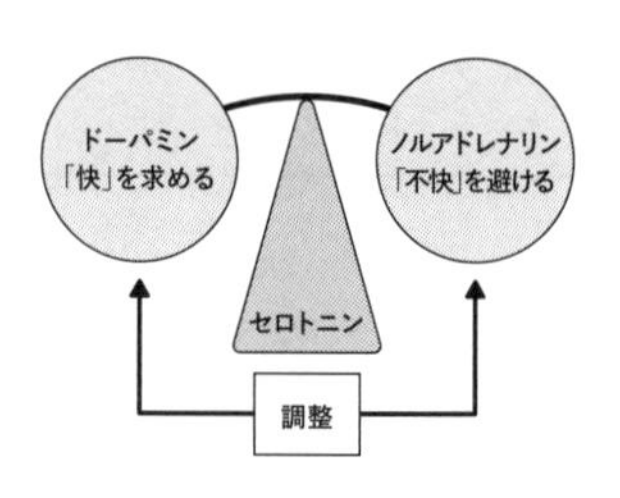

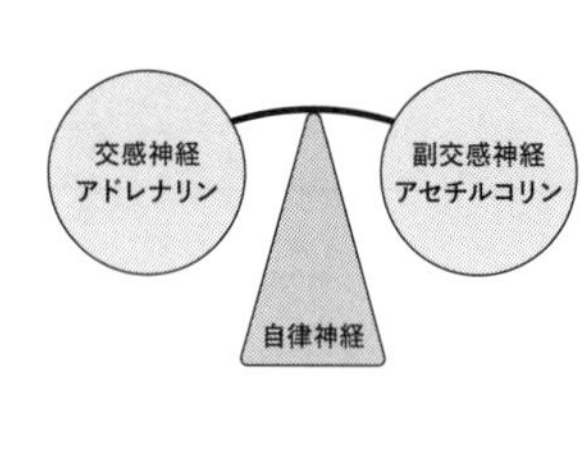

どれか1つが多すぎてもダメ。重要なのは「バランス」

これら脳内物質は「バランス」が重要です。

例えば、ドーパミンとノルアドレナリンとセロトニンは、脳の主要な機能を担っています。ドーパミンは「快」を求め、ノルアドレナリンは「不快」を避け、セロトニンはそれらを調整しているのです。

セロトニンは、ドーパミンが出すぎたときに抑制的に働きます。また、ノルアドレナリンの分泌もコントロールします。セロトニンは、ドーパミンやノルアドレナリンのバランスを調整する「支点」のような役割を担っているわけです。

これは言い換えれば、脳内物質そのものが能動的に、脳内物質のバランスを維持しようと働いているわけです。それぞれのバランスが崩れてしまったら、脳がうまく働かないからです。

ドーパミンサイクルが回転しすぎて、制御不能な状態になれば「依存症」です。

アルコール依存症や薬物依存症が有名ですね。最近はギャンブル依存症や買い物依存症、スマホ依存症、ゲーム依存症（ゲーム障害）なども知られるようになりました。

ドーパミンのサイクルが暴走してしまうと、依存症という病的状態に陥ります。

ドーパミンがモチベーションの源になるからといって、たくさん分泌しすぎると、かえって悪影響が出るわけです。

くり返しになりますが、脳内物質はバランスが重要です。

次ページの図に示すように、ドーパミン、セロトニン、ノルアドレナリンは、バランスがとれた状態で、最も脳のパフォーマンスは高まるのです。

現代の日本人の多くは、脳内物質のバランスが悪い状態にあると思います。

仕事のストレス、不規則な生活、睡眠不足、運動不足、偏った食事……。こうした誤った生活習慣が、身体のみならず「脳」をむしばみ、脳内物質のバランスをおかしくし、極端にひどくなると種々のメンタル疾患を引き起こすのです。

― ドーパミン・セロトニン・ノルアドレナリンの機能 ―

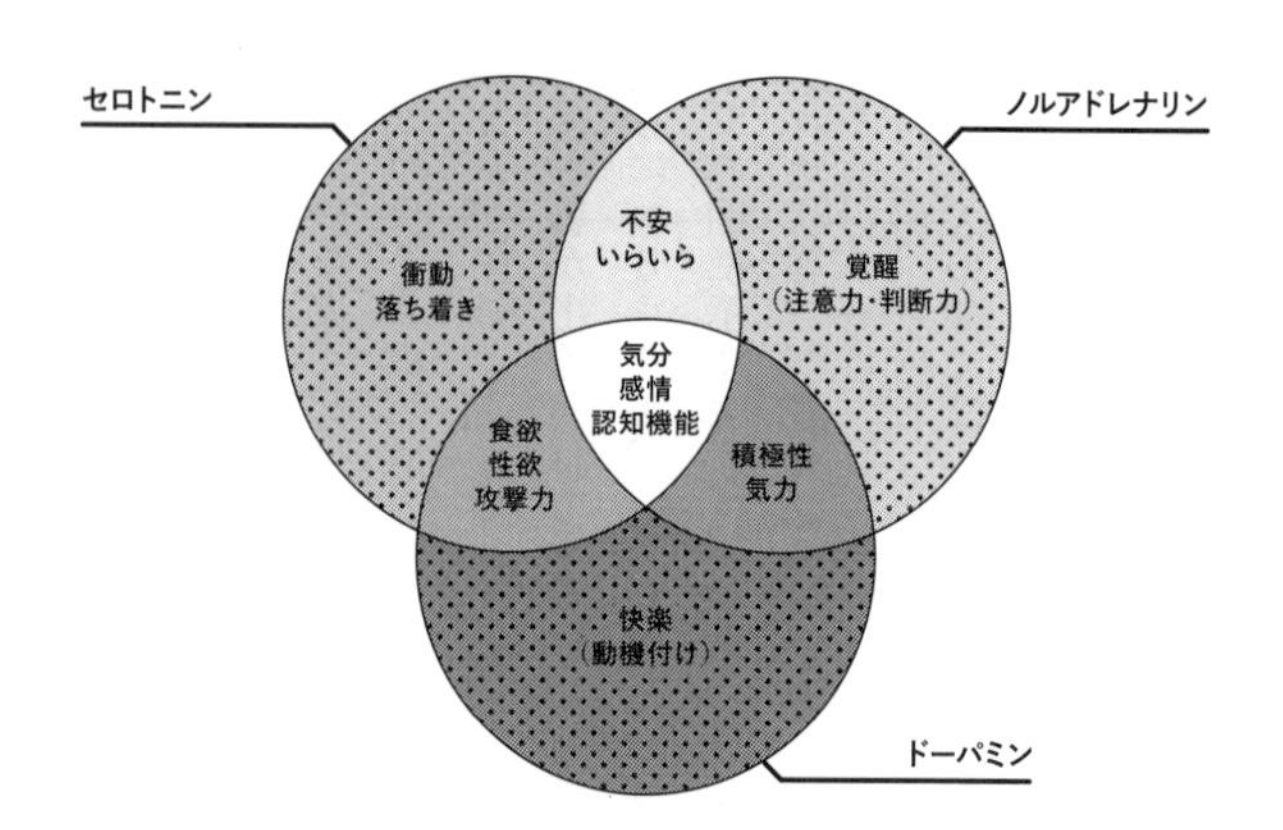

これから紹介する「仕事術」と「正しい生活習慣」は、どれか1つの脳内物質を分泌するものだけを、徹底的に行えばいいわけではありません。できる限り、バランスよく実践してください。それにより、理想的な脳内物質の状態が実現します。

結果として、あなたの脳と身体は「健康」となり、あなたの潜在能力が100%、あるいはそれ以上引き出されるのです。

1

ドーパミン仕事術

幸福物質を自在に操り、
モチベーションを上げまくれ！

ドーパミンは「報酬」をもらって「やる気」を出す

幸せは、私たちの「脳の中」にある

メーテルリンクの童話『青い鳥』は、あなたもご存じだと思います。

チルチルとミチルの2人の兄妹が、夢の中で過去や未来の国に幸福の象徴である青い鳥を探しに行きます。しかし、なかなか青い鳥は見つかりません。

家に帰った2人は、気づきます。

自分の家に飼っていたハトこそが、「幸せの青い鳥」だった、と。

幸せは私たちの身近にある。あるいは、私たちが気づかないだけで、もう幸せを手に入れている。そうした教訓を伝える童話です。

はたして、あなたの幸せはどこにあるのでしょうか？

脳科学的に考えれば、「幸せは脳の中にある」と言えます。

幸福は誰かからもらうものではなく、どこかから手に入れるものでもない。われわれの脳の中に、幸福を発生させる物質が存在しているのです。ドーパミン、オキシトシン、セロトニンが分泌されたとき、私たちは幸せを感じます。

夢のない話ではありますが、「脳内物質（幸福物質）の分泌＝幸せ」なのです。

ですから、「幸せになる方法」の一つは、「ドーパミンを出す」ことです。

目標が実現されたとき、ドーパミンは分泌されます。あなたの仕事がうまくいったときに、「やった！」という達成感とともに分泌されるわけです。その結果として、幸福感に満たされます。

さらに言えば、目標や計画を立てた時点で、すでにドーパミンは分泌されています。目標に取り組むことにワクワクして、モチベーションが上がっていくのはそのためです。やる気が出なくて悩んでいる人は、これから紹介するドーパミンを分泌させる方法を、ぜひ実行してください。

「A10神経」とドーパミンの意外な関係

ドーパミンが作られる場所は、中脳の腹側被蓋野にある「A10」と呼ばれる神経核です。そういえば『エヴァンゲリオン』にも、「エヴァンゲリオンとパイロットはA10神経を通して神経接続される」という設定がありました。

腹側被蓋野からドーパミンの流れる経路は、主に2つあります。

海馬などのある大脳辺縁系に投射する（神経的なつながりがある）「中脳辺縁系」と、前頭葉や側頭葉に投射する「中脳皮質系」です。ドーパミンは「軸索」を通って各部位に投影され、軸索の末端にあるシナプスから放出され、さまざまな役割を発揮します。

例えば、ドーパミンは前頭葉の前頭連合野の「ワーキングメモリ（作業記憶）」と深く関わっています。このことからドーパミンの分泌は、情報処理能力、注意・集中力、計画性などにも影響してきます。

海馬・側頭葉においては、学習・記憶とも深く関わっています。ドーパミンが分泌された状態では、物覚えがよくなります。

ドーパミンの主な機能

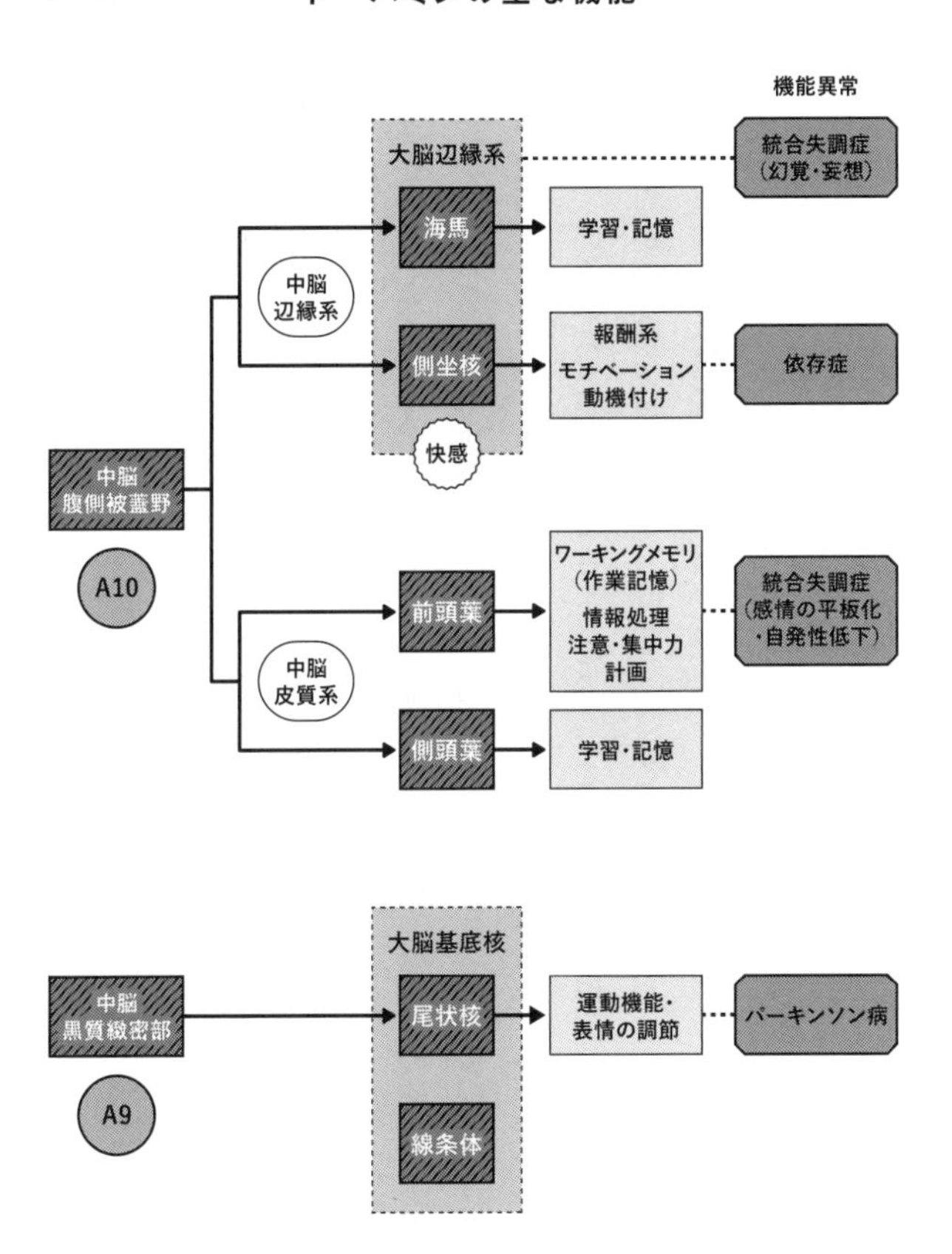

注）わかりやすく説明するために実際の神経系や脳機能を単純化しています。

このA10神経からのドーパミン神経系は、欲求が満たされたとき、あるいは満たされることがわかったときに活性化し、快の感覚を与えるため「報酬系」と呼ばれます。報酬系の中でも重要な役割をするのが、大脳辺縁系の「側坐核」と呼ばれる部位です。

側坐核が刺激されると、即座にドーパミンが分泌され「快感」が生まれます（笑）。

この快感と「行動」が結びつき、さらなる快感を得ようと、次の行動のモチベーションが高まります。これが報酬系の働きです。

だからこそ、ドーパミンは人間の学習、行動の動機づけ、環境への適応と密接に関わっています。「より多くの快感＝より多くのドーパミン」のために、人間はどこまでも高みを目指すのです。

……とまあ、いろいろと説明してきましたが、ここまでの話はきわめて医学的で、少々わかりづらかったかと思います。肝心なのはこの先、ドーパミンがどのように働き、あなたにどのように影響しているかです。

現実には、ドーパミンを出しながら働くことで、仕事が猛烈にはかどるのです。

ドーパミンの「報酬サイクル」を大きく回せ！

やる気やモチベーションは、側坐核が興奮したときにアップします。そして、側坐核の「ニューロン」は、「報酬をもたらす刺激」によって興奮します。

楽しかったり、うれしかったり、仕事で何かを達成したり、人からほめられたり、人から愛されたり……。

そうした精神的な報酬によって、側坐核のニューロンは興奮するわけです。

人間は充分な報酬をもらわないと、仕事をやる気になりません。脳だって同じです。充分な報酬をもらわないと、ドーパミンは働かないのです。

脳にやる気を出させるためには、意図的に報酬を与えればいいのです。

報酬とドーパミン分泌の関係は、次ページの図のようにサイクル状になっています。

この結果、行動と快感が結びつきます。特定の行動をとることで、快感が得られることを脳が学習するのです。そして、また快感を得たいがために、同じ行動をとるようになります。

しかも2度目の行動では、前よりも大きな快感を得られるように「工夫」をするよ

ドーパミンと報酬系

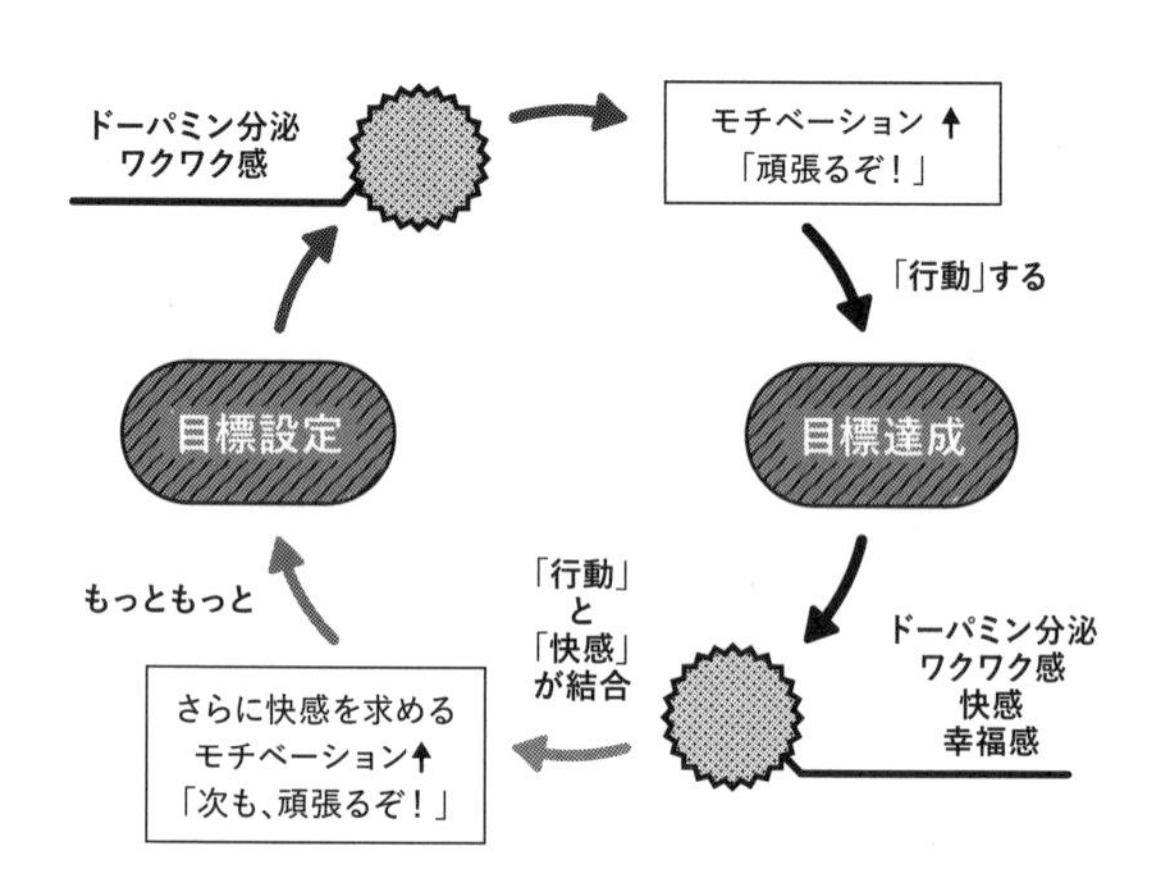

うになります。この結果、より大きな快感が得られます。その次は、それまで以上の快感を得るために、それまで以上に工夫して行動します。

こうして「快感を得るための創意工夫」をくり返すわけですから、自然と多くのことを学習していきます。当然ながら、自己成長が促されます。

この一連のサイクルは、ドーパミンの「強化学習」と呼ばれます。

ドーパミン系が担う強化学習の仕組みこそが、人間がモチベーションを維持し、より高い自分へと成長・進化するために不可欠な脳内システムです。

人類がテクノロジーを発達させ続け、これだけ技術が進んでも、さらに上を目指さないと気が済まない理由も、強化学習と関わっています。

それでは具体的に、日常で何をどのように進めていけば、あなたのドーパミンが分泌されるのか。ドーパミン分泌をさせる「7つのステップ」をお話ししていきましょう。

ドーパミンを分泌させる7つのステップ

ステップ〈1〉明確な「目標」を設定する

通常、ドーパミンが分泌していると、「ワクワク」「ドキドキ」という感情が湧きあがります。そうした瞬間を探していくと、ドーパミンが出ているタイミングの目星がついてきます。

例えば、宝くじを買うという行為を考えると、ワクワクしてくるタイミングは2回あります。「宝くじを買ったとき」と「宝くじが当たったとき」です。

さらに言えば、実際に宝くじを買う前、「宝くじを買おう」と思った瞬間から、すでにワクワク感があるはずです。このことは、動物実験でも証明されています。

ラットを「ランプが点灯すると砂糖水が出る装置」が入ったケージに入れます。何度か試行錯誤するうちに、ラットはランプが点灯すると砂糖水が出ることを学習します。そうすると、「ランプが点灯したとき」と「砂糖水を飲んだとき」に、脳内でのドーパミン分泌が観察されます。

さらに実験をくり返すと、ランプが点灯しただけで、より大量のドーパミンが出るようになります。ラットの頭の中では、「砂糖水を期待したとき」と「実際に砂糖水を得たとき」の2回、ドーパミンが出ているわけです。

これを人間の目標達成に当てはめれば、「目標を設定したとき」と「目標を達成したとき」の2回、ドーパミンが出ていることになります。『007は二度死ぬ』という映画がありましたが、「ドーパミンは2度出る」のです。

なんとなく生活していたら、なんとなく幸運が転がり込んでくるのも、確かにうれしいことでしょう。ですが、それではドーパミンは出てきません。

自分でしっかりと目標を設定し、それに向かって努力したり、工夫したりする過程で、ドーパミンは分泌されるのです。その上で、目標そのものも達成できれば、そこでまたドーパミンが出てきます。

こうしたサイクルを回すためには、「目標を立てる習慣」を作ることです。

しかしながら目標が大きすぎてもいけません。「将来の大きな夢」や「10年後の自分の姿」をイメージすることも、自己実現のためにきわめて重要ではありますが、ドーパミン分泌に向いていないのです。

それよりも、「短期間で実現可能な目標」を立てて、その実現をくり返すことで、大きな目標を達成するほうが効率的です。

会社などでも「月間目標」「四半期目標」「年間目標」といった具合に、小刻みに目標を設定していますが、これはドーパミン的にも正しいことです。

数ヶ月、あるいは数週間で実現可能な「小さな目標」に置き換えるだけで、モチベーションはアップします。ドーパミンも長期的に分泌されます。こうした小さな目標は「マイルストーン」とも言います。

マラソンを走る場合。1キロ、5キロ、10キロとか、区切りごとに、今何キロ地点であるかが示されています。これがあることで、「5キロ地点まで来た」「折り返し地点まで来た」と、ポイントごとに小さな達成感を味わえます。

マイルストーンがどこにもないと、走るペースもわかりませんし、達成感もありません。最後まで走り続けようにも、気力が続かないのです。

ステップ〈2〉「目標を達成した自分」をイメージする

目標は鮮明にイメージすることで、実現可能性が高まることは、自己啓発系の本によく書かれています。

これは科学的にも、間違いではありません。強くイメージすることで、ドーパミンが出てモチベーションが高まり、成功確率もアップするからです。

意識的に、そしてできるだけ明確に、イメージするのがポイントです。

私の実例で言いますと、「一年以内に脳内物質についての本を出版する！」という目標を立てたとき、次のようにイメージしました。

・出版される本のタイトルと表紙のデザイン

・本の章立て、内容などの詳細
・書店に自分の本が平積みされている様子
・自分の本がアマゾン・ランキングで1位になっているページ
・自分の出版記念パーティーでスピーチする自分
・読者から届く山のような感謝の手紙やメール
・印税が入金された銀行通帳
・「増刷が決まりました」という編集者からのメール
・自分の本が週刊誌の書評欄に掲載された様子

この目標達成した自分をイメージしているときに、どれだけワクワク、ドキドキできるのかによって、ドーパミンの分泌量が変わってきます。それに合わせて、目標の成功確率も変わってくるでしょう。

あなたも自分に都合のよいポジティブ・イメージを、映像化できるくらい具体的に想像してみてください。「こんなにうまくいっていいのかな」と、思わずニヤけるかもしれませんが、それくらいでないといけません。

夢はありありとイメージできた瞬間、半分は現実に変わっているのです。

逆に言えば、全くイメージできない目標は実現しません。細かいマイルストーンを設定できないからです。こうなるとドーパミンも出ませんから、なかなか行動にも移せなくなり、夢というよりも「空想」で終わってしまいます。

ステップ3 目標をくり返し確認する

目標を設定することは、漠然と心の中で思うこととは違います。「いつでも見られる状態」にしていないといけないのです。

例えば、目標を紙に書いて机の前に貼っておく。

周りの人間に、目標を宣言する。

自分の手帳や財布などに目標を書いた紙をはさんでおいて毎日見る。

スマホの待ちうけ画面に、目標や夢の画像を入れて毎日見る。

このようにわかりやすい形で、ことあるごとに目標を確認しましょう。そのたびに「目標を達成した自分」のイメージを思い浮かべて、ニヤけてください。それにより、ドーパミンというモチベーションが補給できます。

ドーパミンというのは長時間、あるいは長期に出続けるものではありません。ですから、たまに補給してあげないといけません。

そのお手軽な方法が、目標をくり返し確認することなのです。


もう1つの方法として、あなたの「宝地図」を作ってみましょう。

自分の夢や願望を、雑誌の切り抜きなどの写真で構成して、自分だけの夢の地図を作ってしまうわけです。夢が達成されたときのイメージを、写真などを切り貼りして作ると思ってください。

それを机の前など、目に付く場所に張っておき、毎日見るようにするのです。

目標達成した自分を明確にイメージすることによって、モチベーションの源になるドーパミンが分泌されていきます。自分の夢や目標を見返しながら、目標設定したときのワクワク感を、ことあるごとに思い出すのです。

モチベーションは、車に当てはめれば「ガソリン」です。

遠くに車で旅行するときは、出発するときにまずガソリンスタンドに寄って、ガソリンを満タンにすると思います（目標設定によるワクワク感）。

しかし、それだけでは、目的地に到達できないかもしれません。たまにガソリンを補給しないといけません（目標達成のイメージ）。

そうしてガソリンを注ぎ足しながら、目的地へと近づいていくのです。

ステップ④ 楽しみながら実行する

当時17歳だったフィギュアスケートの羽生結弦選手は、将来のオリンピック出場についてこう答えていました。

「自分のスケートに期待してもらえることが、僕の練習を頑張れるパワーですからね。だからそこまで大きな『期待』『プレッシャー』をさらに味わえるというオリンピック……楽しみです！」

のちに彼は２０１４年と２０１８年のオリンピックで二大会連続金メダルという偉業を成し遂げました。

また、メジャーリーグで活躍する大谷翔平選手は〝二刀流〟の楽しみをこう語っています。

「ピッチングも、バッティングもしていたら楽しいことがいっぱいありますからね。そこは両方やっていてプラスですよね。ピッチャーだけをしていたら、ピッチングでしか経験できない発見があるわけですけど、ピッチングをやってバッティングをしていれば、楽しい瞬間はいっぱいあるんです。そういう瞬間が訪れるたびに、僕は投打両方やっていてよかったなあと」

こうした姿勢は見習いたいものです。オリンピックのメダリストなどのトップアスリートも、みな同じようなことを言います。

「楽しみながらプレイしました」

「緊張感を楽しめました」

「ピッチに立つだけで楽しかった」

実際に結果を残している人ほど、こうしたセリフを口にするのです。

医学的にも、楽しみながら実行することで、ドーパミンが出まくります。それによりモチベーションが上がることは、くり返しお話ししてきました。

人間の脳は「快」刺激を受けると、さらにそれを求めようとします。「不快」刺激を受けると、それを避けようとします。

机の上にケーキがたくさんのっていて、試しに1つ食べてみたらおいしかった。ここで脳は「快」刺激を受けます。

ほとんどの場合、最初のケーキがおいしくて、それを食べ終わってしまったら、次のケーキに手を伸ばすでしょう。そこまでお腹が空いていなくても、食べてみたいと思います。脳がさらなる「快」刺激を求めるからです。このときに出ているのが、脳内物質のドーパミンです。

逆に1個目のケーキがまずかったら、2個目にはまず手を伸ばしません。ケーキによる「不快」刺激を、脳が回避しようとするのです。

資格試験や昇進試験でも「楽しい」と思いながら勉強すると、ドーパミンが出ます。「明日も勉強しよう!」という気持ちが自然と湧いてきます。

ドーパミンが出ると、「物覚えが速くなる」「上達が早くなる」「記憶力がよくなる」といった効果もあります。学習効果がアップするのです。気がつくと、「ずいぶんと合格に近づいた自分」になっています。この「合格に近づいた」という喜びが、さらにドーパミンを出しますから、それ以降も勉強に精を出します。

だからこそ、楽しみながら取り組むことが、最高の成功法則となるのです。「好きこそものの上手なれ」ということわざは、ドーパミンの性質を言い当てています。

逆に「資格試験の勉強が苦しい」「嫌だ」と思った場合、「不快」刺激を受けたことになります。この場合は「ノルアドレナリン」が出てきます。

勉強期間が短期であれば、ノルアドレナリンにも集中力を高め、脳を活性化する働きがあります。ですが、長期でやりたくないことを強要されると、モチベーションは全く上がりません。嫌々取り組んでいることは、まず成功しないものです。

ノルアドレナリンについては、第2章で詳しくお話しします。

ステップ5 目標を達成したら、自分にご褒美を与える

プロ野球のペナントレースにおいて、優勝チームは祝勝会でビールをかけ合い、バカ騒ぎをします。「あそこまでバカ騒ぎをしなくてもいいだろう」と批判的な目で見

る人もいるでしょうが、あのようなバカ騒ぎをすることが、次なるモチベーションアップのためには重要なのです。

脳の中では、まず「優勝した事実」に対して喜びが湧きます。さらに「祝勝会で祝う」ことによって、祝勝会についての喜びもプラスされます。これらはどちらも、脳に「ご褒美」を与えることにつながります。

プロ野球の祝勝会のように、喜びを仲間と分かち合って強化することが、「来年も優勝を目指して頑張るぞ」という気持ちを強めるわけです。脳は貪欲ですから、「またご褒美が欲しい」とドーパミンを出します。

ここで脳に対するご褒美が貧弱だと、「またご褒美が欲しい」という意欲が弱まります。大きな結果を出したときこそ、豪華なご褒美が必要なのです。

あなたも目標を達成した場合、大いに喜ぶべきです。

祝勝会のように人に祝ってもらうのがベストですが、そうでなければ、自分で自分にご褒美をプレゼントしましょう。

以前から欲しかった高額なものを「自分へのご褒美」としてプレゼントする。これが次の目標の実現のために、大きな意味を持つのです。

アジア人初の世界主要4団体（WBA、WBC、IBF、WBO）統一王者となったプロボクサーの井上尚弥選手は、大きな試合で結果を出したあとは、高級腕時計を買うそうです。もちろん、自分へのご褒美として。

ボクサーはストイックな生活が求められますが、自分にご褒美をプレゼントすることで、次へのモチベーションへしっかりつなげているわけです。

また、史上初の将棋タイトル8冠制覇を達成した藤井聡太さんは、あるとき賞金の使い道を尋ねられ「パソコンのパーツを買いたい」と答えました。そのパーツはなんとCPUだけで50万円以上する代物で、パソコンを自作するのが趣味だそうです。パソコンは将棋AIを用いた研究用として使っており、趣味と実益を兼ねたご褒美を自分に与えてモチベーションを高めているのです。

私の場合は、大きな目標を達成したときは、「おいしいもの」を食べに行きます。

普段、食べに行けないような高級寿司店などですね。それは私にとっては、非常に大きなご褒美となります。

しかも、おいしいものを食べることは、それだけでもドーパミンが出てきます。ドーパミンは、食事前と食事中に分泌されます。レストランに行ってメニューを見ているだけでも、ドーパミンが分泌しはじめて、「摂食中枢」を刺激します。実際に食べておいしかったら、さらにドーパミンが出てきます。

「次の目標を達成したら、またこのお寿司屋さんに来よう！」

そのように思ったら、脳が2度目の「快」を求めて、モチベーションが湧き上がります。まさに、ドーパミン・サイクルが動き出している状態です。目標達成のご褒美に、おいしいものを食べることは、オススメの方法です。

ステップ〈6〉すぐに「新しい高い目標」を設定する

先ほどトップアスリートたちが、インタビューで「試合が楽しみです」「楽しんでプレイできました」といったことを、よく口にすると書きました。

実はトップアスリートの発言には、もう1つの特徴があります。素晴らしい記録を出したときなどに、このことがわかります。

「まだまだです」

「×××が、よくなかったです」

「これからも、もっと努力しないといけません」

彼らはこのように、自分にマイナス点があることを、必ずと言っていいほどインタビューで語ります。「今日のプレイは最高でした」と、胸を張って語るトップアスリートは、ほとんど見たことがありません。

今の自分に満足し、「現状維持で大丈夫」と思った瞬間、ドーパミンが出なくなります。こうなると現状維持どころか、記録は悪くなっていきます。

好記録を出しても満足せず、さらに次の高みを目指す。だからこそ、トップアスリートはトップアスリートであり続けるのです。

目標達成を喜ぶことは大切ですが、それは満足することとは違います。今の自分に満足した瞬間、人間の成長はストップします。

それだけに、オリンピックで金メダルをとった選手は、モチベーションを失いがちです。世界一になったことで、それ以上がなくなってしまうからです。

しかしながら、金メダルを獲得してからも、さらなる高みに到達していく人たちもいます。本当の意味でのトップアスリートですね。

例えば、柔道の谷亮子選手。

彼女はオリンピックに5回出場し、金メダル2個、銀メダル2個、銅メダル1個を獲得しています。これだけの長期にわたって第一線で活躍し続けるのは、尋常なことではありません。

こうした偉業ができたのは、彼女なりの「モチベーションアップ術」を使っているからです。このことは、谷選手が残してきた「名言」からもうかがえます。

「最高で金、最低でも金」（シドニー五輪前）

「田村で金、谷でも金」（アテネ五輪前）

「ママでも金」（北京五輪前）

どうですか。それぞれの大会で、違った目標を口にしています。

例えば、北京五輪のとき口にした「ママでも金」という言葉。これが「今回も金」では、全くモチベーションが上がりません。

子供を産んで子育てしながら金メダルをとるわけですから、独身で練習のみに集中

ドーパミン分泌と自己成長の階段

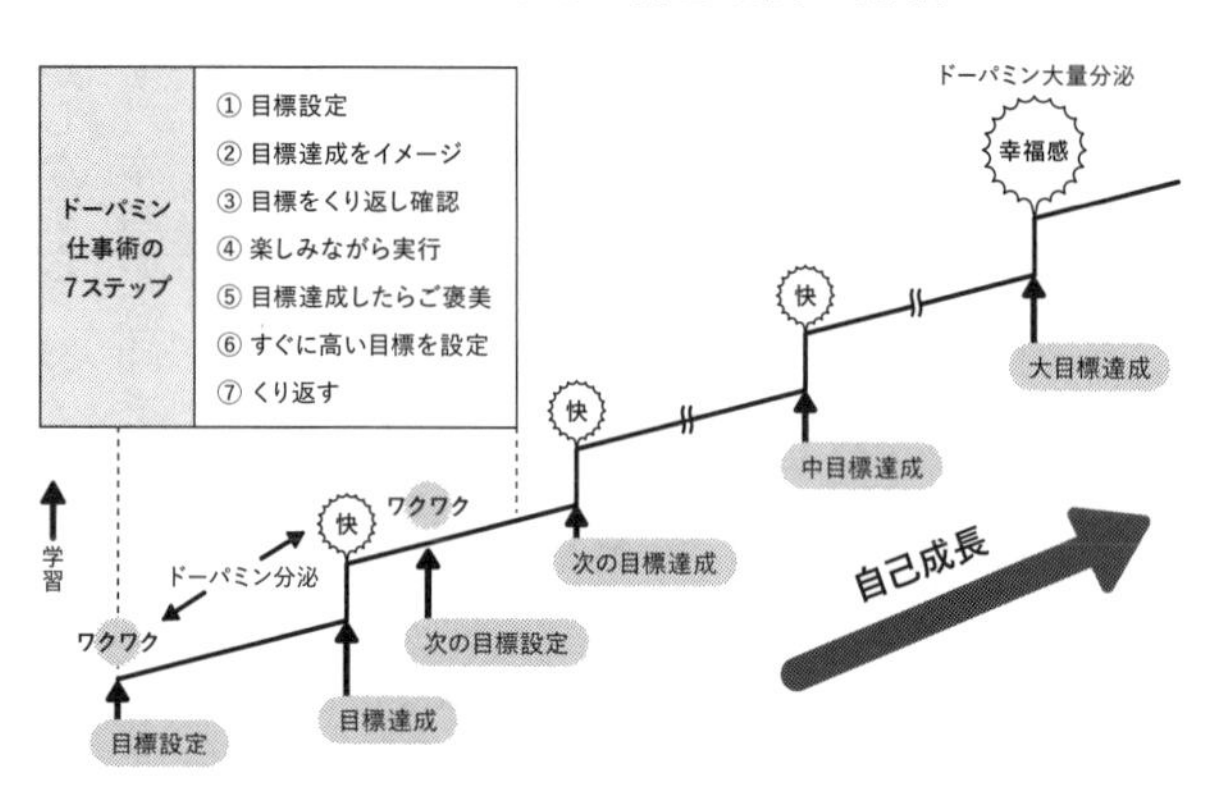

できる状態での金メダルよりも、はるかに困難な目標に置き換えられています。それがドーパミンを分泌させ、実際に結果を出させたわけです。

より困難な目標を設定したときに、ドーパミンは分泌され、モチベーションは高まります。谷選手はそれを知っていたのかどうかはわかりませんが、毎回オリンピックごとに、モチベーションを高めるようなスローガンを自ら設定し、自らに「より困難な目標」を課してきました。そして実際に結果も出しています。

「より困難な目標」を常に設定し続ける。これはドーパミンの強化学習のサイクルを回す秘訣であり、また人生の成功法則とも言えるでしょう。

あなたも目標が実現したら、すぐに次の目標を設定してください。現状に満足したら、ドーパミンは出なくなります。

脳は非常に欲張りです。ドーパミンは「もっともっと」を好む物質です。より高い目標を設定し続けるかぎり、ドーパミンも出続け、あなたはさらなる高みへと上り続けていきます。

ステップ⑦「目標達成のプロセス」をくり返す

目標を達成して快感(幸福)を得る。さらに難しい目標を設定し、それもまた達成し、より大きな快感を得る。あとは、このくり返しです。

この強化学習のサイクルを回し続け、成功の階段を上がり続けることによって、仕事の成功もプライベートの充実も実現します。

ドーパミンをうまく出すことで、自己成長の階段を上がっていくのです。

新しい工夫、新しいチャレンジによって、あなたの脳はさらに進化し、質と量ともに優れたものを生み出すことができるようになっていきます。
まさに、「自己成長」「自己実現」の過程そのものです。
目標達成の7ステップを常に意識して、行動してほしいと思います。

「7つのステップ」で成功を導くためのコツ

「ちょい難（むず）」がやる気をかき立てる

先ほども述べましたように、ドーパミンを分泌する上で、「目標設定」はきわめて重要です。しかし、この目標があまりにも簡単だと、ドーパミンは出てきません。逆に達成が絶対に無理というときも、これまたうまく出ないのです。

難しいけれども、頑張ればクリアは可能。そうした「ちょっとだけ難しい適度な課題（ちょい難（むず））」が設定されたとき、ドーパミンが最もたくさん分泌され、あなたのやる気も引き出されます。

テレビゲームだって、楽々クリアできるようでは、簡単すぎておもしろみを感じませんよね？ 逆に敵が圧倒的に強すぎて、何度チャレンジしてもゲームオーバーの連続では、これもまたやる気を失ってしまいます。

何度か挑戦して、コツを掴んで、ようやく次のステージに進める。それをくり返すことで、かろうじてクリアできる。

そうした難易度が絶妙な「ちょい難(むず)」のゲームが、プレイしていて最も楽しいものです。それは、「ちょい難(むず)」のとき、ドーパミンが最も分泌されるからです。


あなたが「億万長者になる」とか「総理大臣になる」とか「武道館でコンサートをする」といった、きわめて壮大な夢を持っていたとしても、それだけではドーパミンは出ません。あまりに壮大すぎるからです。

ドーパミンが出ないということは、モチベーションがなかなか続かないということです。夢があまりに大きいと、かえって実現が難しくなるのです。

それよりは、大きな目標に至るまでの最初の一歩を、「とりあえずの目標」として設定しましょう。例えば、このような感じです。

・億万長者になる→月収を1万円増やす

・総理大臣になる→選挙のボランティアをする
・武道館でコンサートをする→駅前で路上ライブをやる

自分の実力を充分に踏まえた上で、ギリギリ到達可能な目標を設定すると、モチベーションが上がります。そして、実際に頑張れるのです。

1969年7月20日、ニール・アームストロング船長は、人類で初めて月面に降りたちました。船長は、次の名言を残しています。

「1人の人間にとっては小さな一歩だが、人類にとっては大きな飛躍だ」

この有名な言葉を、ビジネスでも活かしてください。あなたの「大きな飛躍」のためには、最初の「小さな一歩」が重要なのです。

小さくても前に進むと、ドーパミンが出て、次の一歩を頑張ろうとモチベーションが湧きます。それを積み重ねて、大きな飛躍を実現するのです。

まずは小さな一歩、「実現可能な目標」を設定しましょう。

リフレーミングで「つらい」を「楽しい」に変換

目標達成した自分をありありと想像すれば、「よし、やるぞ！」「頑張ろう！」と、モチベーションがあふれてきます。

しかし、目標に向かって努力しているのですから、いくら楽しくやろうと心がけていても、「つらい」「苦しい」と感じる場面はあります。

こんなときは考え方を変えて、つらいことを楽しく実行しましょう。

物事の枠組みを切り替える「リフレーミング」という心理学の手法を用いれば、決して不可能ではないのです。

同じ物事でも、人によって見方や感じ方が異なります。ある角度で見たら長所だったことが、違った角度から見たら短所になります。

試験で残り時間が15分あったとします。悲観的に考えたら「もう15分しかない」と思いますし、楽観的に考えたら「まだ15分もある」と思えます。

こうした状況で「まだ15分もある」と考える癖をつけておけば、苦しい場面でもポジティブな一面を見つけ出すことができます。

習慣的にリフレーミングができるようになるためには、日頃からの練習が必要です。日頃の仕事や生活の場面でネガティブな考えが浮かんできたら、すぐにポジディブな表現に置き換えてみましょう。

できれば、置き換えた表現を言葉に出してみてください。

× **「自分の得意な技能や知識を仕事で発揮できない」**

○ **「不得意な技能や知識を磨くチャンスだ。これを機会に苦手な分野も勉強しよう」**

× **「高度の知識や技術が必要な難しい仕事だ」**

○ **「自分に足りないところを勉強し、スキルアップのチャンスにしよう」**

× **「仕事の内容が自分に合っていない」**

○ **「新しいジャンルへの挑戦。未知なる力を発揮するチャンスかもしれない」**

×「こんな仕事、自分1人では無理だ」
○「チームワークが大切な仕事だ。同僚の協力を得ながら仕事を進めていこう」

×「Aさんは、私の意見をちっとも聞いてくれない」
○「自分の意見を言う前に、Aさんの意見をもっと聞いてみよう」

×「職場の雰囲気が悪い」
○「自分だけでも、挨拶は元気よく、まめに声掛けするようにしていこう」

どうですか？　ネガティブな表現も、ポジティブな言い方に変えるだけで、「つらい」「苦しい」「嫌（いや）だ」といった感情が和らぎませんか？

リフレーミングによって、「不快」を「快」に変換できれば、同じ仕事をこなしているのに、仕事の効率も質も大きく改善するでしょう。

「ほめられる」は、脳にとって最高の報酬

「自分で自分をほめたいと思います」

マラソンランナーの有森裕子選手が、アトランタ五輪で銅メダルを獲得、そのゴール直後のインタビューで語った有名な言葉です。

自分で自分をほめる。素晴らしい言葉です。

人からほめられるというのは、脳にとって最高の「報酬」です。誰しもほめられることはうれしいですし、幸福と直結しています。

試しに、あなたの部下や奥さん（旦那さん）をほめてみましょう。すぐにニッコリと微笑んでくれます。それにより、「次はもっと頑張るぞ」「次は、今回以上に大きな成果を出すぞ」というモチベーションを引き出せます。

ほめられることとは、非常に大きな心理的報酬（ご褒美）です。ほめられてドーパミンが分泌されることは、実験でも明らかにされています。

そのためにも、人からたくさんほめてもらえるのがベストです。

もし誰もほめてくれなければ、自分で自分をほめてあげましょう。自分へのほめ言葉を口にするだけでも、脳にとっては立派なご褒美です。

「よし」

「よくやった」

「ついにやった」

「ここまでできたか」

「なんて凄いんだ」

「こんなに早く終わって素晴らしい」

そんな風に、一人言のようにつぶやきます。人から白い目で見られるかもしれませんが、それくらいは別にいいのです。たったこれだけのつぶやきで、ドーパミンが分泌されて、脳への報酬が与えられるのですから。

ただし、ドーパミンを出すためには、「目標を達成したとき」にほめないと効果がありません。タイミングが重要なのですね。

あなたが他人をほめるときも、タイミングを意識してください。部下が仕事で結果を出したら、そのときにしっかりとほめてあげましょう。ほめることは、部下のモチベーションをアップさせる最も簡単で、最も効果的な方法なのです。

こうしたことを言うと、「ほめてばかりいたら、相手がつけあがった」と反論する方がいますが、それはほめ方が間違っているのです。

目標を達成したときにほめる分には、いくらほめても、ほめすぎということはありません。その目標というのは、「一生懸命頑張れば達成できるような目標」であり、「多少の困難さをともなった目標」です。

同じ高さで進んでいるときは、ほめてもあまり意味がありません。階段を一段上がったとき、レベルが上がったときにほめるイメージです。

ロールプレイングゲームで言うならば、レベルアップの音楽がかかる瞬間が、ほめる効果が最大化する絶好のチャンスです。弱いモンスターを倒すたびにほめていたのでは、ほめの効果はドンドンと薄まっていきます。

「もっとドーパミン」を実現するプチ仕事術

プロセスを変える「北斗の拳仕事術」

ここまで、ドーパミンを出すための7つのステップについてお話ししてきました。うまくドーパミンを出す方法は、これ以外にもいくつかあります。それも日々の生活の中で、すぐに実践できる方法ばかりです。

例えば、マンガからヒントを得た「北斗の拳仕事術」はいかがでしょうか?

マンガ『北斗の拳』は、核戦争によって文明と秩序が失われ、暴力が支配する弱肉強食の世界に現れた、伝説の暗殺拳「北斗神拳」の伝承者・ケンシロウ。その生き様を描いたハードボイルドアクションです。

長いスパンで見れば「宿命のライバル・ラオウとの戦い」という大筋はありますが、

短いスパンで見ると「ケンシロウが小さな村を訪れ、悪者に抑圧されている村人と出会い、そこを支配しているボスを倒して村人を解放する」のくり返しです。典型的な勧善懲悪ストーリーにすぎません。

それなのに、圧倒的におもしろく、読者を引きつけるパワーを持っているのです。その理由は、ドーパミンが説明してくれます。

ケンシロウは毎回毎回、村人を苦しめている小ボスを倒していきます。その倒し方が、実にユニークなのです。

「北斗百裂拳」
「北斗柔破斬」
「北斗残悔拳」

このように、敵役を倒す必殺技が毎回異なります。読者はどんな必殺技で倒すのかが気になって、作品の世界に引き込まれていきます。

ドーパミンはマンネリを嫌います。そして、「工夫」と「変化」を好みます。『北斗の拳』の場合、倒す小ボスにも個性がありますし、それを倒す方法にも工夫と変化があります。だから、また次を読みたくなるのです。

あなたは書類作成や単純な計算など、毎日続く同じような業務にウンザリして、マンネリを感じているかもしれません。目標を設定してドーパミンを分泌させようとしても、職種的にそれが難しいこともあります。

そんなときは、「北斗の拳仕事術」を使ってみてください。

同じ仕事でも、いつもと違った方法、手段、アプローチを用いて、チャレンジしてみる。そうすれば、たどりつくゴールは同じでも、その展開にワクワク、ハラハラします。結果、ドーパミンが分泌されます。

プロセスに「変化」を入れるだけで、やる気も出てきますし、仕事そのものが楽しくなります。達成したときの満足度も大きくなるのです。

新しいことをしてみる「チャレンジ仕事術」

多くの場合、「新しい手段」や「新しい方法」は、脳にとっては「チャレンジ」になります。「新しい場所」「新しい環境」も同じです。

例えば、ベテランのアスリートなどが、練習方法を変えるとか、新しいトレーニング方法を導入するとか、あるいはコーチを変えるとか……。そういうチャレンジをきっかけに、一段と大きく成長することがあります。

チームスポーツの場合、移籍して所属するチームを変えることもあります。

こうした、環境の大きな変化というのも、脳にとっては「新しい手段」や「新しい方法」ということになって、ドーパミンがたくさん出ます。

脳はチャレンジを好み、そのチャレンジに応えてくれる仕組みがあるのです。

サラリーマンであれば、「転勤」や「配置転換」が考えられます。

こうした辞令に直面すると、不安を抱える人が多いのですが、脳はそれをチャレンジととらえます。前向きに受け止めることでドーパミンが分泌されて、あなたの能力を伸ばす絶好のチャンスとなるのです。

自分流の工夫をしてみる「アレンジ仕事術」

大きな書店に行くと、ダイエット本が１００冊以上並んでいます。

これだけダイエットがブームになっているのですから、そのやり方は特定の「必勝法」のようなものにまとまっていくのが当然と思うのですが、実際はさらに多様化しています。この理由もドーパミンにあります。

人は「これと全く同じ方法でやりなさい」と言われると、やる気が出ません。ドーパミンは、「工夫」が大好きだからです。「この方法をもとにして、自分なりに工夫やアレンジを加えてもいいですよ」と言われると、ドーパミンが分泌しやすくなり、モチベーションは高まり、成功確率も高まります。

あなたがダイエット本を買ってきて、そのとおりに実行しようとしても、おそらく途中で挫折してしまうはずです。その理由は、工夫やヒネリがないからです。

ダイエットに限らず、勉強法や仕事術も同じです。本のとおりにやろうとするから、本のようにはうまくできなくて、それがストレスとなって途中で挫折します。自分なりのアレンジを加えたとき、多くのことがうまくいきます。

時間で追い込む「ウルトラマン仕事術」

元祖変身ヒーローとも言うべきウルトラマン。巨大怪獣や宇宙人と毎回戦い、倒し、追い払います。圧倒的な強さを発揮し、「正義のヒーロー」の代名詞ともなりました。その強さの秘訣は、「3分しか戦えないこと」にあるのかもしれません。

活動時間の3分が迫ると、ウルトラマンの胸についたカラータイマーが点滅し、カラータイマーが消えると活動不能に陥ります。必ず3分以内に、怪獣を倒さなければいけないわけです。そうした「タイムプレッシャー」の中で戦っているから、ウルトラマンの強さが引き出されているのだと思います。

あなたも日々の仕事の中で、書類作成をはじめとして、毎日こなさざるを得ないようなルーチンワークが必ずあるはずです。今はそうした仕事を、モチベーションも高められず、漫然とこなしているだけかもしれません。先ほどご紹介した「リフレーミング」でも、楽しみが見いだせない作業もあるでしょう。

ですが、どれだけ退屈な仕事や単調な作業でも、タイムプレッシャーをかけることで、モチベーションを高められます。ドーパミンは「ちょっと難しい課題」を課したときに分泌するからです。

いつも120分かけて作る書類があったら、「今日は100分で終わらせる」と目標設定し、ストップウォッチで測定してください。それだけで緊迫感が出て、仕事がはかどります。目標どおり100分で終了したら、いつもより達成感が湧くはずです。

さらに「次の日は90分で終わらせる」といった具合に、また新たなタイムプレッシャーをかけ、より高い目標を設定するようにします。

ドーパミンは「もっともっと」が大好きです。作業的に「もっと難しく」ができない場合は、「もっと速く」という目標設定によって、ドーパミンを分泌させてください。制限時間を設けるだけのウルトラマン仕事術によって、仕事が今よりも楽しくなり、効率も上がっていきます。

ゲーム感覚で楽しむ「ドラクエ仕事術」

ヒット作『ドラゴン・クエスト』や『ファイナル・ファンタジー』に代表されるロ

ールプレイングゲームは、一旦はじめるとやめられなくなります。夢中になって徹夜でプレイしてしまうこともあると思います。

ロールプレイングゲームのおもしろさも、ドーパミンと関わっています。

まず、フィールドを歩いているとモンスターと遭遇します。戦って倒すと、お金・経験値・アイテム（報酬）が入手できます。強いモンスターを倒すほど、もらえるお金や経験値は大きくなります。

ストーリーを進めていくと、「アイテムを入手する」とか、「どこどこに行き、誰々と会う」といったミッション（小目標）が与えられます。それを達成すると、また次のヒントやアイテムが与えられます。

ダンジョンなどをクリアするためには、ボスキャラと戦わなければいけません。これは一筋縄ではいきませんが、ボスキャラを倒したときに得られるお金・経験値・アイテムは、非常に大きなものに設定されています。そうした報酬を得るために、試行錯誤をくり返します。

さらに経験値をためるとレベルアップして、自分の能力やスキルがアップします。それをくり返すことで、大ボスも倒せます（大目標）。

ミッションをクリアし（小目標達成）、ボスキャラを倒し（中目標達成）、最後に大ボスを倒す（大目標達成）。これは、ほとんどのロールプレイングゲームに共通する流れです。これこそが人気の秘訣なのです。

小目標の達成ごとに報酬を受け取り、さらに大きな目標に挑戦する。

より大きな目標をクリアするために工夫をする。

小目標を達成し、中目標を達成し、最終的な大目標を達成する。

このようにロールプレイングゲームは、ドーパミンの報酬系そのものが、システムに組み込まれているわけです。ゲームを続けるほど、より大きな報酬を手にして、よりドーパミンが出まくるから、なかなかやめられないわけです。

このロールプレイングゲームの仕組みを仕事に応用することで、苦しい仕事もゲームのように楽しみながらこなすことができます。

例えば、「午前中にこの仕事を終了させれば、ステージクリア。ご褒美として、いつもは牛丼の昼食をカツ丼にアップグレードする」とか「今回の仕事をクリアすれば、レベルアップでご褒美として1泊の温泉旅行に行く」といった具合です。「目標達成

↓報酬ゲット」という仕組みを、ゲーム化してしまうのです。

これにより、「報酬をゲットした」という実感が増強し、同じ目標を達成していても、よりドーパミンが出やすくなるでしょう。

「今日は午前中頑張ったので、カツ丼にしよう……」

このように目標達成した後から、ご褒美をあげることを決定する場合もよくあると思うのですが、それではモチベーションアップにあまり役立ちません。

「午前中にこの仕事を終了させれば、ステージクリア。ご褒美として、いつもは牛丼の昼食をカツ丼にアップグレードする」

仕事を始める前に「目標達成↓報酬ゲット」の関係を明確化するほうが、モチベーションアップにつながります。同じ仕事に取り組むにしても、ちょっとした考え方の切り替えで、仕事に勢いを付けることが可能なのです。

生活スタイルを変えれば、「幸せ感」は大きく変わる

「運動」でもお手軽にドーパミンを出せる

いろいろなドーパミン仕事術を紹介しましたが、「やはり面倒だ！」「もっと簡単にドーパミンを出せないのか！」という人もいるでしょう。

だとしたら、シンプルに「運動」をすればいいのです。

ドーパミン神経系では、Ａ10神経系に加えて「Ａ９神経系」も重要です。「Ａ９」と呼ばれる黒質緻密部から、大脳基底核（尾状核・線条体）に投影する経路のことです。

このＡ９神経系は、運動の調節とも深く関わっています。運動によってドーパミンが分泌されることも知られています。

私は16～18時の時間帯、ジムに通ってトレーニングをしています。それが終わったら、カフェで原稿を書いています。

普通だと夕方のこの時間帯は、脳も疲れていて、執筆に全く向きません。それがトレーニングのあとだと、身体は疲れているものの、頭は非常にスッキリしているのです。目覚めたばかりのような清々しい状態です。

トレーニングをやり始める前は、ハードなトレーニング後に執筆作業など不可能だろうと思っていたのですが、実際はその逆なのです。

運動によってドーパミン以外にも、集中力や想像力を高める「アセチルコリン」が分泌されます。また、「セロトニン」も活性化しますし、少々ハードな運動をすれば脳内麻薬と呼ばれる「エンドルフィン」も分泌されます。

10～30分を超える有酸素運動では、脂肪の分解を促進する成長ホルモンも分泌します。

脳の肥料と呼ばれる脳神経を成長させる物質ＢＤＮＦ（脳由来神経栄養因子）も分泌します。

これらの複合的な効果によって、運動後に「頭のスッキリ感」が出ていると考えられますが、とりわけドーパミンの働きは重要です。

やる気が出ない。何もしたくない。モチベーションが上がらない。

そういう人の多くは、運動不足に陥っている可能性があります。仕事に対するモチベーションを上げる意味でも、定期的な運動は重要です。

「タケノコの土佐煮」がやる気をアップ？

ドーパミンと関わっているのは、運動だけではありません。どのような食事をするかも、分泌に影響してきます。

ドーパミンは「チロシン」というアミノ酸から作られます。このチロシンが体内で不足してしまうと、充分な量が作られない可能性があります。

チロシンが豊富に含まれている食品としては、タケノコや鰹節があります。両者を使った「タケノコの土佐煮」などは、最適な料理かもしれません。肉、牛乳、アーモンド、ピーナツなどにも、チロシンは豊富に含まれています。

チロシンを脳に多くとり込ませるためには、「糖質」と一緒にとることも重要です。糖質になる炭水化物、すなわちご飯と一緒にとるとよいでしょう。

また、脳内でチロシンからドーパミンを生成するためには、ビタミンＢ６が必要となります。チロシンが充分にあっても、ビタミンＢ６が不足していては、ドーパミン生成が効率的に進みません。

ビタミンＢ６を豊富に含む食品は、マグロ、カツオ、サケ、牛乳、バナナなどです。


しかしながら、チロシンをたくさん摂取するほど、ドーパミンが無制限に大量に作られるかというと、決してそうではありません。

１日に１００台の自動車を製造する工場で、１日で50台分の自動車の部品しか届かないとすれば、１日に50台しか作れません。

ですが、この工場に毎日２００台分の部品が届いても、生産能力をオーバーしてしまいます。工場の限界が１日１００台である以上、どれだけ材料があっても、１００台以上は作れないものなのです。

脳内物質の生成も同じです。原料がたくさんあっても、フル稼働での生成量には限りがあります。過剰に生成されることはありません。

チロシン不足の人がチロシンをしっかりとることは非常に意味がありますが、チロシンを2倍とったからといって、ドーパミン生成が2倍になるわけではありません。あくまでも、正常レベルの生成が維持されるに過ぎないのです。

バランスよい食事の中で、バランスよく摂取することが重要です。

過剰に分泌しすぎることの、心に与える悪影響

ドーパミンに限らず脳内物質は、大量に分泌されればいいというものではありません。場合によっては、心身に害をなします。

報酬系を支えるのが脳内物質ドーパミン。この報酬系の暴走によって引き起こされる病気が「依存症」です。

芸能人の逮捕などで、覚醒剤依存症については、広く知られるようになりました。

実は覚醒剤は、報酬系の中枢ともいうべき「側坐核」を直接興奮させてしまうのです。

それだけに、強烈な快感が得られる反面、さらに強い快感を求めます。結果、覚醒

剤の使用量が増え、依存症から抜けられなくなるのです。

パチンコや買い物など、普通なら「楽しい」はずの行為も、報酬系が暴走すれば抑制が利かなくなります。消費者金融で借金をしてまでパチンコをしたり、クレジットカードの限度額まで買い物をしたりといった、依存症の行動パターンに陥るのです。

ここ30年くらいの研究で「統合失調症」も、ドーパミンの異常によって引き起こされることがわかってきました。

統合失調症のうち、「陽性症状（幻覚や妄想などの症状）」は中脳辺縁系の障害によって、「陰性症状（感情の平板化・自発性の低下といった症状）」は中脳皮質系の障害によって、引き起こされると言われています。

これらの統合失調症の症状によく効く「選択的ドーパミン遮断薬」が開発され、多くの患者さんの症状改善、退院や社会復帰に役立ちました。

また、ドーパミン神経系で、A10神経系と並びA9神経系も重要であることは、先ほども少し触れました。運動の調整とも深く関わるA9神経系の障害とされる病気が「パーキンソン病」です。プロボクシングのヘビー級チャンピオンだったモハメド・

アリや、映画『バック・トゥ・ザ・フューチャー』の主演をつとめたマイケル・J・フォックスが、患った病気です。

パーキンソン病にかかると、大脳基底核でドーパミンが不足した状態になります。細やかな運動の調節ができなくなり、無動（動きが少なくなる）、手指の震え、歩行障害、無表情などの症状が見られます。

確かにドーパミンが分泌すると、モチベーションが上がり、幸福感が得られます。だからといって、側坐核を直接興奮させる覚醒剤のような安易な手段を使って、ドーパミンを分泌させてはいけません。

パチンコや過剰な買い物によって、ドーパミンを出すのもよくありません。あなたの生活や仕事にプラスになる「目標達成の過程」で、ドーパミンを出すべきなのです。そうすれば健康を維持したまま、幸せになれるのです。

脳の欲求は無限大。あなたの可能性も無限大

ビジネスで数十億円の財を成した方が、のんびりとした生活を送ろうとハワイに家

を買って移住したにもかかわらず、刺激のない生活に耐えられなくなり、数年後に日本に戻り、再びビジネスを始めたという話を聞きました。

充分に満たされた生活を獲得してもなお、人間が「新しいチャレンジ」に挑んでしまうのも、これまたドーパミンの働きのおかげです。

ドーパミンの報酬サイクルは、目標を達成したらさらに大きな目標を達成して、さらに大きな「快」を得るというシステムです。同じ生活を続けていたのでは、脳は「幸福」を感じないのです。

よく、「なに不自由ない生活をおくっていたのに」という言葉がありますが、脳科学的に言えば、「なに不自由ない生活」ではドーパミンが出ません。「満足した生活」を得てしまうと、それ以上の目標設定や目標達成ができなくなり、ドーパミンが分泌されなくなる、つまり高揚するような幸福感が得られないのです。

脳はチャレンジを好みます。チャレンジして、達成して、幸福になります。

だからこそ、常にチャレンジを続けなくてはいけません。チャレンジをやめてしまった時点で、モチベーションは失われ、ドーパミンが出なくなります。

隠居生活に入ったお年寄りも、趣味やボランティアなど新しいことにチャレンジし続けている方は、非常に若々しく見えます。反面、「のんびりした老後」だけを目標として、特に趣味もない人はすぐに老け込んでしまいます。

常に自分の能力を伸ばし、自分の能力の新しい可能性を広げるチャレンジの過程に人間は、幸せを感じるのです。

見方を変えれば、チャレンジを続ける限り、誰でも幸せになれるのです。

これを聞くと、死ぬまでチャレンジを続け、無限に努力をし続けないといけないと勘違いする人もいるでしょうが、そうではありません。新しい目標を設定し、今日から行動を開始すれば、今日からドーパミンを出すことはできます。

財を成した大会社の社長が、次のように言っていました。

「若い頃は貧乏だったが、将来を夢見て必死に頑張っていた。毎日が充実していて、今考えると、その頃が一番幸せだった」

10年、20年という努力の先に、幸せがあるのではありません。階段を一段上ることが幸せ。努力の階段を上り続けている「今」が、実は一番幸せなのです。

毎日の仕事の中で、自らのワクワクする瞬間にフォーカスし、自らのポテンシャルを高める目標を設定し、自己成長の階段を上り始めましょう。

それは今日からできることです。今すぐに幸福を手に入れてください。

Chapter 1 Summary

まとめ

- □ 脳内物質・ドーパミンが分泌されると幸福を感じる
- □ 脳に報酬を与えると、モチベーションが高まる
- □ ドーパミンの報酬サイクルを回転させることで、目標達成できる
- □「ちょい難」の小さな目標（マイルストーン）を刻むことで大目標を達成できる
- □ 目標を達成した自分を強くイメージする。明確にイメージするほど実現確率は高まる
- □ 楽しみながら実行することが、成功の最大の秘訣
- □ 目標達成したら自分にご褒美を与える。それが次のモチベーションにつながる
- □ 目標達成したらそれに満足せず、すぐに次の目標を設定する
- □ 脳はチャレンジを好む。常にチャレンジを続けることで自己成長できる

2

ノルアドレナリン仕事術

「恐怖」と「プレッシャー」で
仕事効率を上げろ！

「適度な緊張」で、ノルアドレナリンは分泌される

人気講師の研修の秘密

マナー講師の平林都先生は、エレガントマナースクールの社長をつとめ、年間300件以上のマナー研修をこなすそうです。

非常に厳しい指導で知られており、受講者に少しのミスでもあれば、関西弁で叱責して怒声を浴びせるのが特徴です。平林先生はテレビなどにもたびたび登場し、著作の『平林都の接遇道』(大和書房)はベストセラーとなりました。

平林先生は研修がスタートすると、満面の笑顔で、優しい口調で話し始めます。

ところが、研修者が質問にうまく答えられないなど、ちょっとしたきっかけで恐ろしい顔になり、厳しい口調で叱責します。

「言え！　なんで言われへんねん！　なめるな！」

「この状況を店長が見たら、やっぱり中途採用はアカンなって言われるで！」

平林先生の豹変に、参加者の顔が青ざめます。その結果、集中力は瞬時に研ぎ澄まされ、研修に全神経を注ぐようになるのです。一方、空気を変えた平林先生はというと、すぐに優しい口調に戻り、笑顔交じりで研修を続けていくのです。

参加者がたるんできたら、鋭く叱責する。

威圧感と恐怖感を与えて、集中力を高めて、学習効率をアップさせる。

こうなると、参加者は研修内容に、真剣に取り組まなくてはいけない状況に追い込まれます。結果として、研修効果も飛躍的に高まるのです。

「闘争と逃走のホルモン」と呼ばれる由縁

叱責によって集中力を高める心理テクニックは、広く知られていると思います。脳科学的に言えば、これは「ノルアドレナリン」の効果と言えるでしょう。

ノルアドレナリンは、アミノ酸を原料に生成される「カテコールアミン」の一種で、ホルモン（血液にのって標的器官で効果を発揮する物質）として「副腎髄質」から血液に放出されます。副腎とは腎臓の隣にあるホルモンを分泌する器官で、副腎髄質はその一部です。

またノルアドレナリンは、シナプス伝達の間に「ノルアドレナリン作動性ニューロン」から放出される神経伝達物質でもあります。脳幹（橋）にある神経核の1つである「青斑核」から、視床下部、大脳辺縁系、大脳皮質などに投射して、注意・集中、覚醒、判断、ワーキングメモリ、鎮痛などの脳の働きに関連しています。

ノルアドレナリンは、次章で紹介する「アドレナリン」とともに、「闘争」と「逃走」についての反応を生じさせます。心拍数を直接増加させるように交感神経系を動かし、脂肪をエネルギーに変え、筋肉の素早さを増加させる働きがあります。

はるか原始時代の人間が、野山を歩いているときに、突然、どう猛なサーベルタイガーと遭遇してしまったとしましょう。今にも襲いかかって来ようと牙を剥き、うなり声をあげるサーベルタイガー。

そのとき彼の頭の中で、側頭葉内側の奥に存在する「扁桃体（へんとうたい）」という部分が、外部からの刺激を「不快」かどうか判定します。

ノルアドレナリンとアドレナリンの機能

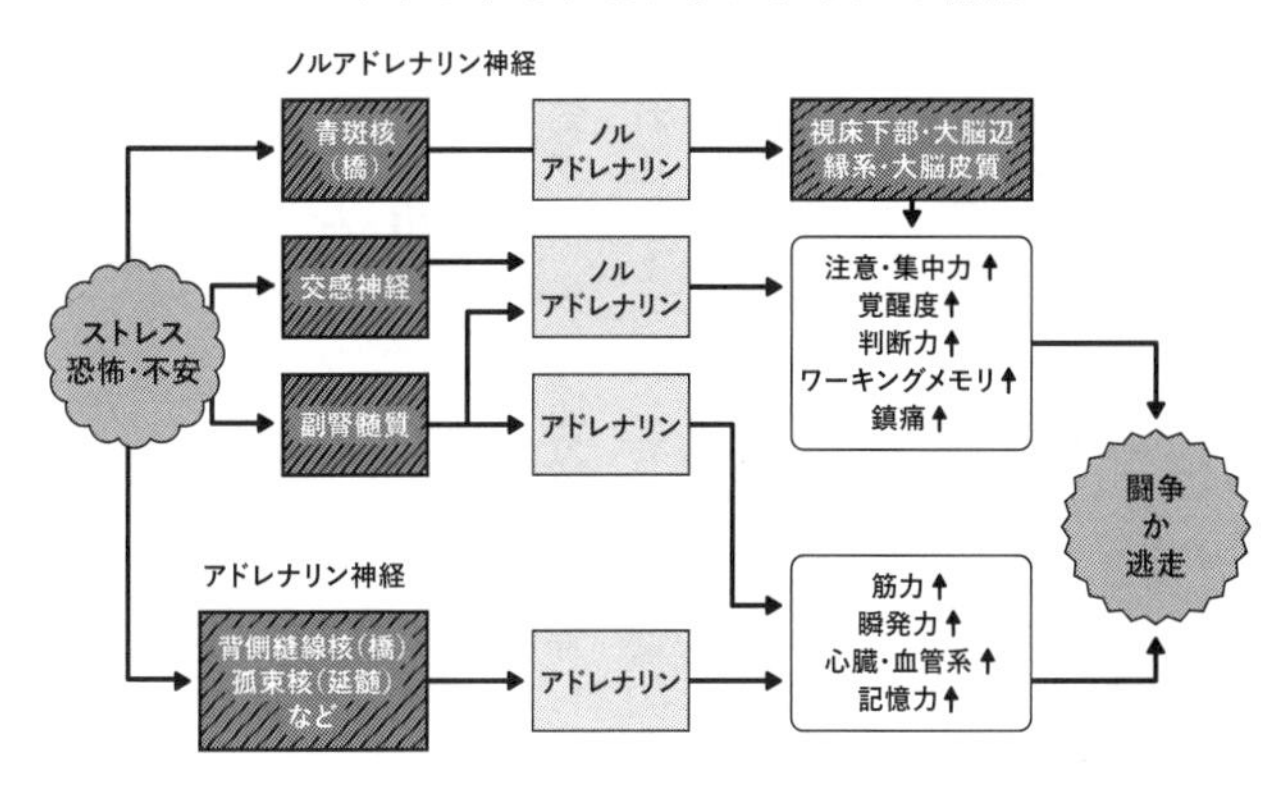

注）わかりやすく説明するために主な経路を単純化しています。

サーベルタイガーとの遭遇は、恐怖すなわち不快ですから、扁桃体は「危険」という状況判断を下し、速やかにノルアドレナリンを分泌させます。

この瞬間、とる行動は2つしかありません。「闘う」か「逃げる」かです。

ノルアドレナリンが分泌されることで、心拍数は高まり、脳や骨格筋に血液が行き渡ります。「闘う」にしても「逃げる」にしても、瞬発的な行動がとれるように、脳と身体を準備状態に持っていく、それがノルアドレナリンの役割です。

ノルアドレナリンの分泌によって、覚醒度、集中度がアップします。ぼんやりとしていた頭が冴え渡り、「闘う」べきか「逃げる」べきかの正しい判断が瞬間的にできるように、脳の働きも大きくアップするのです。

また、ノルアドレナリンには「痛み」を感じにくくさせる作用もあります。鎮痛剤のような作用ですね。

サーベルタイガーと戦闘状態に入ってしまい、腕を噛まれたら、猛烈な激痛が走ります。ですが、その痛みにのたうち回っていたら、今度は首筋を噛みつかれ、とどめをさされるかもしれません。危機的なシチュエーションでは、多少のケガを負っても、気にしているヒマはないのです。

こうした場面で、脳の働きで痛みを感じなくなれば、さらに戦闘を続けることも、戦闘をやめて一目散に逃げることもできます。だからこそ、ノルアドレナリンが分泌されると、痛みを感じにくくなるのです。

実際には、命に危険が及ぶ差し迫った状況では、アドレナリンやβエンドルフィンなど、その他の鎮痛効果のある脳内物質も同時に分泌されています。ただ、ノルアドレナリンの役目も小さくないのです。

「ストレス」の使い方で、集中力は高められる

テレビやＹｏｕＴｕｂｅなどで活躍するマナー講師の平林都先生が、突然怒り出して受講者に「威圧感」と「恐怖感」を与えながら進めていく研修スタイルが、日本一と言われるほど大きな効果を上げています。その理由も、ノルアドレナリンの作用を考えると納得できます。

「コラ！」

平林先生のこの一喝で、参加者は震え上がります。

このとき、参加者の脳の中では、ノルアドレナリンが分泌されます。うたた寝モードだった人は目が覚めます。ボーッと聞いていた人も、集中力が研ぎ澄まされ、真剣に聞くようになります。

結果、理解度や定着度もアップして、研修内容が身につくわけです。

とはいえ、何度も何度も叱り続けていると、ノルアドレナリンの「慣れ」の効果によって、集中力がアップしにくくなります。

平林先生も、基本的には笑顔満面で、うまくいけば参加者をほめます。普段はノルアドレナリンのスイッチを「オフ」にしておくわけですね。このほうが、スイッチを「オン」にしたときの効果がより高まります。

私もメンタルヘルスをテーマに企業向けの研修をよくしますが、90分の話を休憩なしで集中して聞いてもらうのは、本当に難しいことです。しかし、ときどき「一喝」することで、参加者の集中力がピーンと張り詰めます。

こうしたテクニックは、部下の指導などでも活かせます。「叱責」と「ほめ」を使い分けることで、集中力をアップさせられるのです。

このテクニックが有効なのは、ノルアドレナリンは「恐怖」を感じたときに最も分泌されるからです。より正確には、「ストレス」に直面すると分泌されるホルモンです。恐怖は強烈なストレス状態ですから。

ただし最近では、「叱責」や「恐怖」、「威圧」などの心理プレッシャーを多用するとパワハラ（パワーハラスメント）を指摘される場合もあるので、注意が必要です。

恐怖より軽いストレスでも、ノルアドレナリンは分泌されます。

例えば会議の最中に、いきなり誰かを指さして意見を求めると、他の人も「次は自分が指されるのでは……」と少しハラハラします。この程度のストレスでも、ノルアドレナリンが分泌され、覚醒度と集中力が高まるのです。

怒ったり叱ったりしなくても、「檄(げき)を飛ばす」ということでもいいでしょう。急に大きな声を出すだけでも効果があります。

淡々と話す中でいきなり、大きな声で「ここ重要ですから!」などと強調すると、聴衆はハッとして、講師のほうを注目します。

取引先との応対では、怒ったり叱ったりはできません。ですが、「ここが大切です!」と声を大きくして強調することは、無理なくできるのではないでしょうか。気もそぞろだった取引先が、耳を傾けてくれるかもしれません。

ノルアドレナリンは「短期集中」「一発逆転」

「締め切り仕事術」で、仕事効率を大幅にアップ

いろいろな「仕事術」の本を読みますと、「締め切りを設定すると、仕事効率が大きくアップする」といったことが書かれています。

昔から「窮鼠(きゅうそ)猫を噛む」「背水の陣」と言われるように、限界状況に追い込まれた人間は、ポテンシャル以上の力を発揮するものです。

実はこうした反応も、ノルアドレナリンと深く関わっています。

子供の頃、夏休みの宿題をギリギリまでやらなくて、8月31日の1日だけで全部片づけた経験を、持っている人も多いと思います。

なぜずっとできなかった宿題が、たった1日でできてしまうのか?

理由は簡単です。「今日中に宿題を終わらせないと、明日先生に怒られる」というプレッシャーがかかるからです。

似たようなことは、ビジネスシーンでも起こります。

「明日の納期に間に合わないと、契約違反で補償金問題になるかもしれない」

「今夜のうちにプレゼンの資料ができないと、大変なことになる」

「明日までに完成させないと、1ヶ月間の努力が水の泡になってしまう」

こうした締め切りが迫った状態では、少なからぬストレスがかかっています。恐怖というほどのものではありませんが、危機的状況ではありますから、緊迫感や緊張感に支配されています。

こうなると必然的に、ノルアドレナリンが分泌されます。結果、注意力や集中力が高まり、猛烈に仕事がはかどるのです。

締め切りに迫られて短時間でこなした仕事は、質が低くなると思うかもしれません。しかし、私の経験から言えばむしろ逆です。

私は以前、『ビジネス心理学プレミアム』という有料メルマガを発行していました。

このメルマガは月3回発行ですが、1回の文字量が400字詰め原稿用紙50枚程度となります。単純計算で400字×50枚＝2万字ですから、かなりの長文です。

私はこのメルマガを、たった2日で書いていました。

たいていの人に驚かれますが、私の中ではそう決めていたのです。

最初のうちは1週間がかりで書いていましたが、これだとメルマガにかかりっきりで、他の執筆ができません。非常に効率が悪いということに気づき、「有料メルマガの執筆は2日間で終わらせる」と、自分でルールを決めたのです。

そうすると、1週間かけていたのと同じ量を、2日で書けるようになりました。文章の質は下がったどころか、逆に高まっていたのです。

有料メルマガは発行日が決まっており、その日に発行しないと、料金がいただけないというシステムになっています。「2日間で必ず仕上げないといけない」という強烈なプレッシャーがあるわけです。

これによって、ノルアドレナリンが分泌され、注意力、集中力が大幅にアップして、短時間で質の高い執筆が可能になったわけです。

あなたもなにか仕事をする場合、漫然と取り組まないことです。期間や時間を限定するだけで、効率をアップさせることができます。

与えられた締め切りがない仕事でも、自分で締め切り設定をしてプレッシャーをかければ、注意力・集中力アップの効果が得られます。

「ノルアドレナリン仕事術」は短期集中型

「1年間の北海道への赴任、死ぬ気で頑張ってほしい」

あなたが上司からそのように言われたら、どう思うでしょうか？

たぶん、「1年間もの長期にわたって、死ぬ気で頑張るのはムリ」と思うのではないでしょうか。あまりに期間が長すぎるのです。

これが「納期までのあと1週間、死ぬ気で頑張ってほしい」なら、絶望的な感じにはならないでしょう。当然、やる気もこみ上げてきます。

この章で紹介している「ノルアドレナリン仕事術」は、簡単に言えば、恐怖やストレスを利用して、集中力をアップさせる方法です。

考えればわかることですが、こうした働き方は、長期間継続的に利用できるものではありません。重要な場面に限定して使うのが効果的です。

上司が部下の失敗を厳しく叱れば、部下の身も心もピシッと引き締まり、上司の言わんとすることに耳を傾けます。しかし、これが毎日のように叱ってばかりだと、部下はどのように思うでしょうか？

「また今日もカリカリしているなあ……」

そんな風にしか感じなくなります。態度は神妙でも、心の中では「またか」「適当に聞き流しておこう」と思っているに違いありません。

このようにノルアドレナリン仕事術は、「慣れ」の効果が出やすいのです。

平林先生のやり方も、あくまでも「研修」の場面だから、最も高い効果を出せるのです。研修は多くの場合、１日とか２日限定ですから。

スポーツの世界でも、「闘将」「猛将」と言われるようなタイプの監督が、弱体化したチームの立て直しのために招聘（しょうへい）されると、最初の１、２年はめざましい効果を発揮します。ところが、すぐに勢いを失うものです。

怒声交じりの厳しい指導によって、チームの雰囲気は引き締まり、練習も集中して行えるようになります。ノルアドレナリン型のモチベーションです。

それが長期的に続くと、慣れの効果が出てきます。最初ほどの効果が出なくなるのです。さらに選手は疲れてきて、「意欲を出す」のに効果的であった檄や怒声が、かえって「無気力」の原因となってしまうのです。

多くの人が「1年間の北海道への赴任、死ぬ気で頑張ってほしい」という言葉に違和感を持ったのも、ノルアドレナリン型モチベーションが、とても長期的には続けられないことを、本能的に知っているからです。

ノルアドレナリンが効果を発揮するのは、あくまでも短期決戦に限定されるのです。

一部の企業では人件費削減のために、どう考えても不足した人員で、苛酷な労働を長期的にさせているそうです。これは明らかに間違っています。

ノルアドレナリン型モチベーションは、半年、1年と続けると、必ず破綻します。燃え尽き、メンタルダウンする人も現れるでしょう。

死ぬ気で頑張れるのは、長くても1ヶ月くらいまで。

それ以上は疲労とストレスが蓄積し、むしろ効率ダウンにつながります。

ノルアドレナリンとドーパミンを使い分ける

理想的な働き方は、「北風と太陽」が教えてくれる

イソップ寓話の「北風と太陽」の話は、ご存じだと思います。

あるとき、北風と太陽が力比べをすることになります。「どちらが先に、旅人の上着を脱がせるのか」という勝負です。

まず、北風が力いっぱいに風を吹かせて、旅人の上着を吹き飛ばそうとします。しかし、寒さを嫌った旅人は、上着をしっかり押さえてしまいます。北風は旅人の服を脱がせることができませんでした。

次に、太陽が燦々(さんさん)と照りつけます。旅人は暑さに耐え切れず、今度は自分から上着を脱いでしまい、勝負は太陽の勝ちとなりました。

いろいろな解釈ができる寓話ですが、私はこの話に、ノルアドレナリンとドーパミンの働きがうまく象徴されていると考えます。

人間の行動のモチベーションには2つあります。「不快なことを避ける」と「快適なことを求める」です。

イソップ寓話の旅人は、北風が吹いたときは、寒さ（＝不快）を避けるために上着を押さえました。逆に太陽がさしてポカポカと暖かくなると、適度な暖かさ（＝快）を求めて上着を脱いだのです。前者は「ノルアドレナリン型モチベーション」であり、後者は「ドーパミン型モチベーション」です。

・ノルアドレナリン型モチベーション

……「恐怖」「不快」「叱られること」を避けるために頑張る

・ドーパミン型モチベーション

……「楽しさ」「ご褒美」「ほめられる」などの報酬を求めて頑張る

子供の勉強に当てはめれば、「親や先生に叱られないために頑張る」のがノルアド

2つのモチベーション

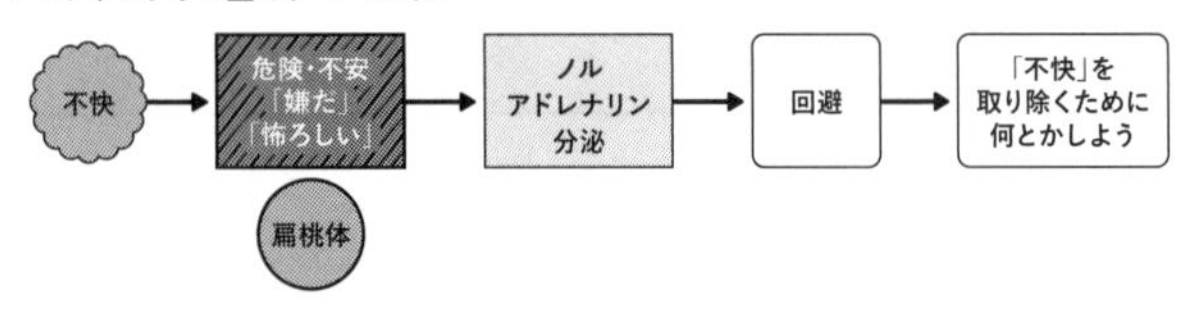

ドーパミン型モチベーション

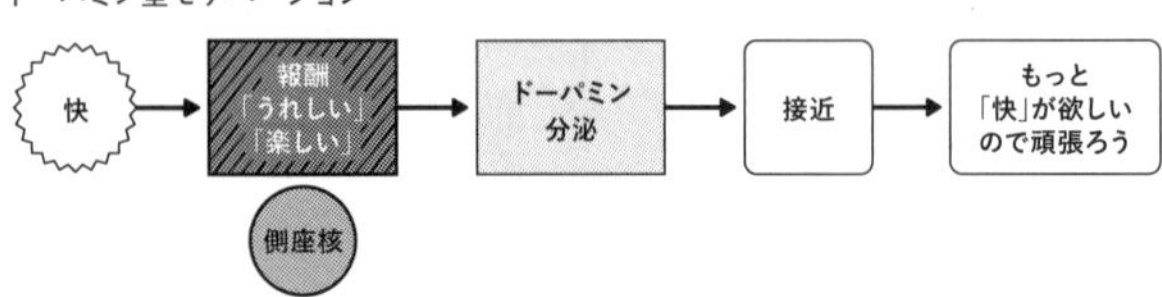

レナリン型モチベーション。「親や先生にほめられるために頑張る」のがドーパミン型モチベーション。両者は、似て非なるものです。

また、ノルアドレナリン型モチベーションは危機回避型の反応なので、非常に速効性があります。一方のドーパミン型モチベーションは、結果と報酬が得られてから、「次も頑張ろう」とモチベーションが上がるため、本格的に動き出すのには多少時間がかかります。

つまり、短期ではノルアドレナリン型モチベーションで頑張り、長期ではドーパミン型モチベーションで頑張るというのが、理想的な仕事術と考えられます。

ドーパミンの分泌は、第1章でご紹介した方法で促せます。

いやいや取り組むより、楽しんで取り組もう！

先日、ピアノの先生をしている私の友人から、次のように相談されました。

「お母さんが厳しすぎる子供は、なかなかピアノが上達しません。そういうお母さんに、どう接したらいいのか悩んでいます」

ピアノ上達を強く願う気持ちはわかるのですが、「どうして、そんな簡単なところで間違うの！」「練習が少ないから、なかなかうまくならないのよ！」と、ヒステリックに子供を叱責するお母さんが多いのだそうです。

ピアノ教師の前ですら、そういう態度をとっているのです。家ではもっと厳しく叱っているのかもしれません。こうなると当然、子供は萎縮してしまい、「やらされ感」の中で、いやいやピアノの練習をするようになります。

いくら練習してもほめられることがない。だから、子供たちは無気力になる。だから、練習にも熱が入らない。だから、上達せずにやめてしまう……。

こうした「負のスパイラル」に陥って、さらにピアノから遠ざかります。

一方、上達していく子供のお母さんは、「あまり細かいことを言わない」「ほめ上手」といった特徴があるそうです。

子供の「ピアノが好き」という気持ちを、あと押しするような接し方をしているのです。ちょっと失敗したからといって怒りませんし、「練習しなさい」とか「○○しないといけません」といった強制もしません。

また、こうしたお母さんは、「叱る」ことよりも「ほめる」ことを重視します。手放しで絶賛したり、過剰に持ち上げるわけではありません。子供との距離が近すぎず、それでいて遠くならないように、親身に応援を続けているのです。

こうした親子の関係は、上司と部下にも置き換えられると思います。

ノルアドレナリン型の指導、つまり「叱る」型の指導は、長期では絶対にうまくいきません。それどころか、無気力な人間を作ってしまいます。

それに、普段からささいなことで叱っていると、人として間違った行動を是正したいというときに、効果が出なくなってしまいます。叱ることは非常に重要ですが、毎日起きるような小さな失敗まで、叱るべきではないのです。

それよりもドーパミン型の指導、つまり「ほめる」型の指導をして、やる気を長期間維持することで、子供はドンドン伸びていくのです。

ドーパミン型指導を主軸として、「しつけ」という部分でノルアドレナリン型指導をとり入れていく。そのバランスが重要です。

「2つのモチベーション」にビジネスチャンス！

ノルアドレナリン型モチベーション（＝不快を避ける）と、ドーパミン型モチベーション（＝快を求める）。商品開発などでも、この発想は活きてくるでしょう。

商品というのは、ザックリ分けると2通りしかありません。「不快・不便を解消する商品」と「快を与える商品」です。

家電製品で言うと、洗濯機や掃除機は「不便を解消する商品」です。いちいち手で洗濯したり、ホウキやチリトリで掃除するのは面倒で仕方ありません。だからこそ、どの家庭にも洗濯機や掃除機があります。

テレビなどは「快を与える商品」と言えます。テレビは「おもしろい」「楽しい」といった快楽を、とてもお手軽に与えてくれます。人々が快楽を求めるから、多くの家庭にテレビが置かれているのです。

たまに「不便を解消しかつ快を与えてくれる商品」もあります。ノルアドレナリン型とドーパミン型の両方を満たす商品ですね。

カップラーメンなどは、「面倒な調理の手間を省略してくれる」という不便を解消するとともに、「おいしい」という快を与えてくれています。

普段の生活で、「楽しい」「おもしろい」「便利」と思った瞬間があれば、その快適さを突き詰めた商品を開発すれば、ヒットするかもしれません。

あるいは、日々の生活の中で「不便だ」「不快だ」「面倒だ」と思ったならば、それを改善するような商品やサービスを開発してもいいでしょう。そこにも、ヒット商品が生まれる可能性があります。

このとき、どちらがより強烈かといえば、ノルアドレナリン型モチベーションのほうが強烈です。「快」は今すぐ手に入れなくても、日常生活に大きな支障はありませんが、「不快」は今すぐにでも取り除きたいからです。

こうした考え方は、営業の現場でも使えます。あなたが扱っている商品について、「お客さまの不快・不便を解消できないか?」「お客さまに快を与えられないか?」と考えたら、今とは違ったセールス方法が生まれます。特に「不快」を取り除くノルアドレナリン型モチベーションは、購入を促す起爆剤になります。

「毎日、掃除機をかけるのは面倒ではありませんか? 全ての部屋を掃除するだけでも、手間と時間をとられてしまいませんか? この全自動掃除機を使うと、ボタン1つであなたが寝ている間に、掃除をすませてくれます!」

ノルアドレナリン型モチベーションを利用すると、こうした営業パターンとなります。なかなかインパクトがありませんか?

人間の本性に訴えかけることで、営業成績も飛躍的にアップするでしょう。

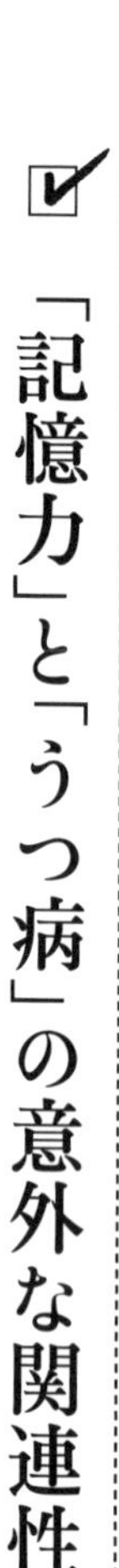

「記憶力」と「うつ病」の意外な関連性

ノルアドレナリンは「記憶力」にも影響する

ノルアドレナリンはストレス反応以外にも、脳内で非常に重要な役割を担っています。それは、「ワーキングメモリ」（作業記憶）です。

ワーキングメモリというのは、いわば「脳のメモ帳」「脳の作業スペース」です。ごく短時間、一時的に情報を蓄えておくスペースとイメージしたらいいでしょう。脳はそこに「情報」を並べて、作業を行っていると考えてください。

例えば、友達からスマホの番号を教えてもらうとしましょう。「０７０－５５７５－５０８×」などと言われてから、その番号を自分のアドレス帳に登録し終えるまで、どうしても5秒か10秒ほどかかります。

その数秒の間、「０７０－５５７５－５０８×」という11桁の文字列が、脳内のワーキングメモリに一時保存されているわけです。

あくまでも一時保存ですから、時間が経てばすぐに忘れます。

このワーキングメモリを司るのは、ちょうど額の裏側にあたる場所にある「前頭前野」と呼ばれる部位です。

前頭前野は、人間の脳で最も発達している部位であり、大脳皮質の約30％を占めています。高度な脳活動をすることで知られる類人猿でも、前頭前野の割合は10％以下に過ぎませんから、人間が圧倒的に多いことがわかります。それだけに前頭前野は、「人間の人間らしさを司る部位」とも言われます。

この前頭前野は、脳内のさまざまな情報が集まる場所でもあり、「思考する」「意思決定する」「行動を抑制する」「感情を制御する」「コミュニケーションをとる」など、人間の重要な行動の大部分を行っているのです。

前頭前野には、ドーパミンやセロトニンなどの神経も分布していますが、ノルアドレナリンはドーパミンと並び、特にワーキングメモリと関係しています。

適度なノルアドレナリンは適度な興奮を促し、ワーキングメモリの働きを助けます。反面、過度なノルアドレナリンは過緊張の状態を促し、ワーキングメモリはむしろ働かなくなってしまいます。

つまり、ノルアドレナリンの活性の度合いで、ワーキングメモリの働き方が変わってくるわけです。そのために重要なのが「ストレス」です。

ストレスには悪者的なイメージがありますが、適度なストレスは適度なノルアドレナリンを分泌させます。その結果、ワーキングメモリを活発化し、頭の回転を速めます。仕事の効率や仕事の質を高めるわけです。

脳に関する本を数多く発表されている東邦大学の有田秀穂名誉教授は、「ドーパミンは学習脳、ノルアドレナリンは仕事脳、セロトニンは共感脳」と表現しています。

ワーキングメモリと密接な関わりがあるノルアドレナリンは、「仕事脳」と言われるように、さまざまな「仕事」をこなすうえで、非常に重要ということです。

うっかりミスで見つける「うつ病」のはじまり

パソコンのメモリを増設すると、体感速度は目に見えて速くなります。ノルアドレナリンが分泌されて、注意力と集中力がアップして作業効率がアップするのは、まさにこういうことです。ワーキングメモリが活発化するだけで、脳の働きも仕事効率も、大きくアップするわけです。

逆にノルアドレナリンの活性が低下して、ワーキングメモリがうまく働かないときは、ザックリ言ってしまえば「うつ病」の状態になります。

うつ病の症状としては、「意欲が出ない（意欲低下）」と「気分が落ち込む（抑うつ気分）」の2つが有名ですが、これらはうつ病の初期段階では、ハッキリしないことが多いのです。それに対して「注意力と集中力の低下」は、うつ病の初期から多くの患者さんに認められます。

ノルアドレナリンの活性が低下すると、記憶を一時的に保存するワーキングメモリの働きも低下するため、「うっかりミス」として表れるのです。具体的には、「仕事上の簡単なミスが増えてきた」「重要な約束をうっかり忘れてしまう」「聞き逃しが多い」といった行動です。あなたも思い当たる節がありませんか？

こうした兆候が全てうつ病と直結するわけではありませんが、脳が疲れている可能性は高いでしょう。あなたの脳内で、ノルアドレナリンが低下しているのかもしれません。

そんなときは、「自分の仕事が忙しすぎないか？」「きちんと休息や睡眠はとれているか？」など、生活を見直してください。仕事のやりすぎ、無理や無茶な生活習慣を是正しないと、本当にうつ病になってしまいます。

うつ病の原因についてはいろいろな学説があり、簡単に説明できるものではありませんが、あえて簡明に説明してみましょう。

脳科学的に言うと、うつ病は「ノルアドレナリンやセロトニンが枯渇した状態」です。

ストレスがかかったときに分泌されるノルアドレナリンは、職場やプライベートでストレスがかかっていると、「出っぱなし」の状態になってしまい、それがいつまで

長期ストレスに対する反応

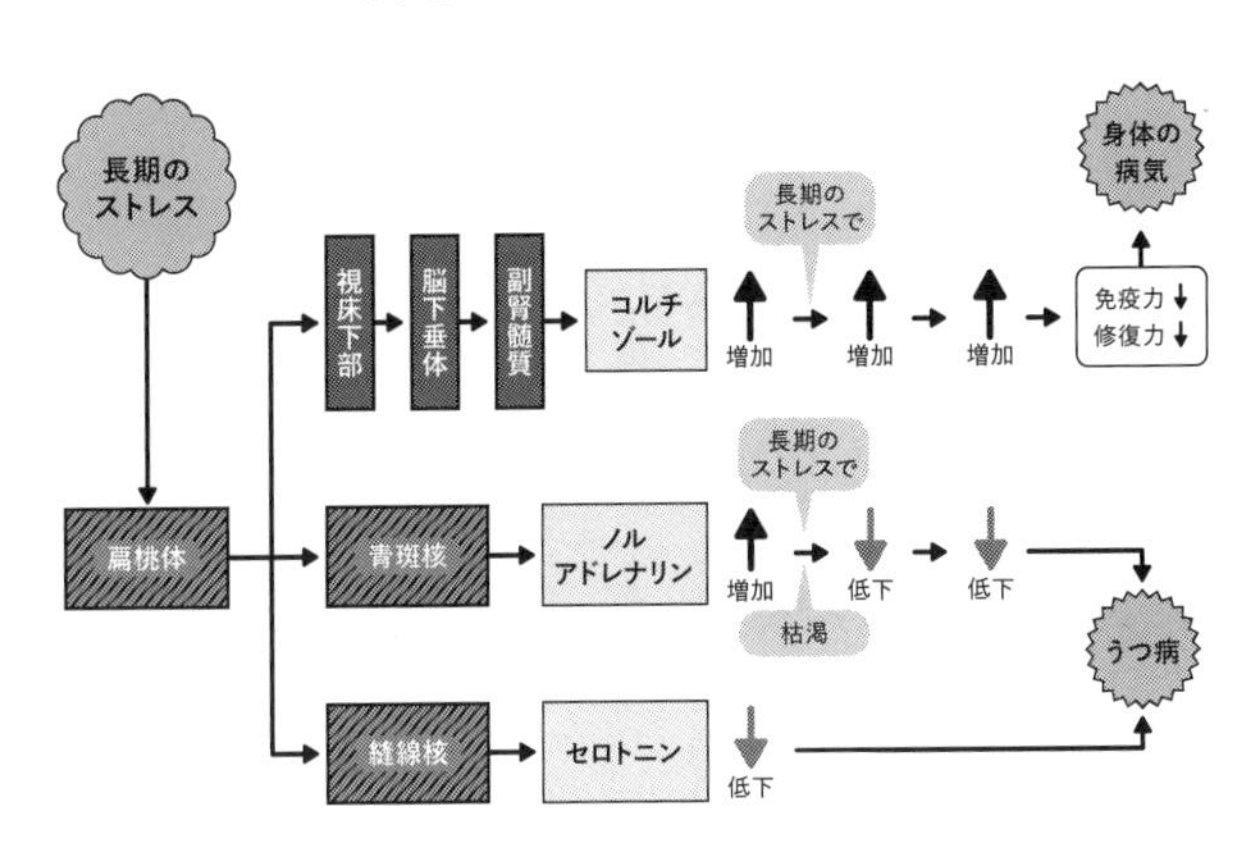

も続くと枯渇してしまうわけです。

セロトニンについては第4章で詳しく説明しますが、こちらは「リラックス物質」とも言われます。「ストレスを感じる状態＝リラックスしていない状態」ですから、長期にストレスがかかると、低下した状態が固定化してしまいます。

セロトニンやノルアドレナリンは、生成速度に限界があります。生成量を上回る分泌量（消費量）の状態が長期に続くと、やがて枯渇してしまいます。

それにうつ病の状態では、ノルアドレナリンやセロトニンの生成速度そのものが低下しますから、なおさら枯渇しやすいわけです。

慢性的なストレスは、ノルアドレナリンにもセロトニンにも影響するわけです。

脳内物質の生成や分泌には個人差があります。同じ職場に勤めて同じストレス下に置かれていても、ノルアドレナリンやセロトニンを出しやすい人もいるし、逆に出しづらい人もいます。激務に追われストレスがかかりやすいブラック企業の職場でも、うつ病になる人もいれば、ほとんど影響されない人もいるのはそのためです。

そうした職場でうつ病になると、上司から「ダメ人間」「怠け者」であるかのように罵倒されることがあります。全くおかしな話です。

ストレスへの反応が過敏であったり、脳内物質の生成が悪くなることは、生物学的な要因も大きいわけです。こうした脳科学的な変化が原因で起こっているうつ病を、「気の持ちよう」「気力で乗り越えろ」「頑張れば何とかなる」といった精神論でカバーしろというのは、どう考えても無茶な話です。

「やりたくない仕事」をうまくこなすテクニック

とはいえ、サラリーマンの場合、「やりたい仕事」よりも「やりたくない仕事」をさせられる場面のほうが、圧倒的に多いかもしれません。上司にしろ取引先にしろ、好き勝手なことを言ってくるものです。

こうした「不快」な仕事の対処法は、大きく分けて4つあります。

1　ノルアドレナリンの「背水の陣」効果を借りて、さっさと片づける
2　「不快」な仕事に、「快」を見つける（「リフレーミング」でポジティブに考える。リフレーミングについては、70ページ参照）
3　「自分にご褒美を与える」ことで、「快」仕事に置き換える
4　「不快」な仕事を断る

ジョージ・クルーニー主演の『マイレージ、マイライフ』（2009年）という映画があります。アカデミー賞にもノミネートされるなど、映画的にも非常におもしろい上、仕事のモチベーションについても考えさせられます。

主人公のライアンは「リストラ宣告人」です。企業にかわって、職員に解雇を宣告するのが仕事なのです。

リストラを宣告されれば、相手は目の前で泣き崩れ、ときに激しく怒り出します。正直、積極的にやりたい仕事ではありません。

ライアンもそのことをわかっていながら、非常に高いモチベーションを維持し、仕事をバリバリ頑張っているのです。つまり、不快な仕事を毎日こなしながら、高いモチベーションを維持しているわけです。

いったいどうやって、モチベーションを保っていられるのでしょうか？

その秘密は、タイトルにもなっている「マイレージ」です。

ジョージ・クルーニーが演じるライアンは、年間３２２日の出張をこなしており、アメリカ中を飛行機で飛び回っています。必然的に、航空会社のマイレージがもの凄くたまるのです。

ライアンの持つ大きな夢は、１０００万マイルを貯めること。

仕事自体に「喜び」や「達成感」を見出せないから、「自分にご褒美を与える」方法で、自らのモチベーションを維持していたのです。

どうしても仕事が楽しめなければ、それ以外に楽しみを見出せばいいのですね。

休み方を工夫して、ノルアドレナリンをコントロール

「楽しければ、忙しくても大丈夫」は幻想

ストレスがかかり続けると、ノルアドレナリンが不足して、長期化するとうつ病の危険性も出てきます。

こうした事態を避けるためには、長期的にストレスを背負わないことです。しっかり「休む」ことがカギを握るのです。

ハッピーマンデーのおかげで三連休が増えましたが、三連休の前日に行われたあるパーティーで、ある起業家の方が「最近、休みが多すぎないですか? 僕は仕事が大好きなので、もっと仕事をしたいくらいです」と言っていました。

この考えには、全く賛同できません。「仕事大好き人間はうつ病にはならない」と

思っているのかもしれませんが、ストレスに好きも嫌いもないのです。

私の友人のBさんも、仕事大好き人間でした。連日の残業は当たり前で、行かなくてもいい休日出勤もして、仕事優先の生活をしていたのです。

私はBさんに会うたびに、「休日くらいはゆっくり休んだほうがいいよ」とアドバイスをしていましたが、「仕事が楽しくて仕方がないんだ。毎日が楽しいから、ストレスなんか全くないよ」と、一向に聞き入れてくれませんでした。

しばらくBさんから連絡がないと思ったら、精神科の病院に入院したという話を聞きました。うつ病になってしまったのです。

精神的な緊張は、全てストレスです。重要なのは、ストレスから解き放たれる時間帯がどれだけあるのか、ということです。

仕事が終わって帰宅した夜の時間帯や休日は、精神的な緊張から解き放たれる「リラックスタイム」を確保しなくてはいけません。ここでノルアドレナリンの分泌をオフにするから、翌日また必要量のノルアドレナリンが生成されるのです。

仕事では「緩急」を意識してください。仕事をするときはバリバリ頑張る。オフのときはゆっくり休む、あるいは思いっきり遊ぶ。

こういうリフレッシュを意識すれば、あなたの緊張の糸がゆるみ、ノルアドレナリンが常時垂れ流される状態を止めることができます。

スマホのスイッチ＝ノルアドレナリンのスイッチ

先日、友人何名かと温泉に遊びに行きました。このとき、メンバーの1人であるDさんは、30分おきにスマホでメールをチェックするのです。

休養のため、リフレッシュのために温泉に来ているというのに、Dさんの意識は仕事のメールに向けられているわけですから、全く休養になりません。

注意する。

意識する。

念頭に置く。

これらはワーキングメモリが働いている状態です。「仕事のメールが来ていないだろうか」と気にしているのは、ワーキングメモリを使っている状態なのです。当然ながら、ノルアドレナリンを必要としています。

せっかくのリフレッシュ旅行の間くらいは、スマホのスイッチをオフにしませんか？

仕事のオン／オフはそのまま、ノルアドレナリンのオン／オフにつながってきます。休日や休暇のときくらい、完全にオフにしたいものです。

私も長期の旅行では、朝1回くらいはメールチェックしますが、1日に何度もチェックするということは絶対にしません。


逆に20年来の友人であるライターのYさんは、「旅行に行くときはスマホを持たないで行く」と言っていました。

Yさんは人気ライターなので、普段は締め切りに追われて非常に忙しい人です。スマホなしでは仕事も生活もできない状態です。

それだけに、旅先にまでスマホを持っていくと、必ず仕事の連絡が入ってしまいます。それだと休んだ気がしないので、プライベートの旅行に行くときくらいは、あえて家にスマホを置いていくのだそうです。

ここまでできる人は少ないと思いますが、素晴らしい習慣だと思います。これなら1泊や2泊の短い旅行でも、完全にリフレッシュできるでしょう。

完全に仕事を忘れ去り、全てのスイッチをオフにする。これが理想的な休日の楽しみ方。脳を休ませる理想的な休日の過ごし方を意識してください。

ノルアドレナリンは「普通の食事」で作られる

食事のとり方によっても、ノルアドレナリンの働き方は変わってきます。食事によって、集中力やワーキングメモリを高められるわけです。

ノルアドレナリンの生成には、必須アミノ酸である「フェニルアラニン」が不可欠です。必須アミノ酸というのは、他のアミノ酸から生合成できない（＝流用できない）アミノ酸のことです。食事を通じて摂取していないと、やがて欠乏してしまうのです。

フェニルアラニンは、肉類、魚介類、大豆製品、かぼちゃ、卵、乳製品、チーズ、ナッツ類（アーモンドや落花生）などに含まれています。

これらは決して、特別な食材ではありません。「普通の食事」をしていれば、不足するということはないはずです。フェニルアラニンが不足するとすれば、偏食や極端なダイエットなどで、普通の食事ができていない可能性が高いです。

また、フェニルアラニンからノルアドレナリンの生成をするためには、「ビタミンC」も不可欠です。ビタミンCが不足すると、原料のフェニルアラニンが充分にあっても、ノルアドレナリンをうまく生成できなくなります。

ビタミンCは、パセリやブロッコリー、ピーマン、小松菜などの緑黄色野菜、レモン、イチゴ、ミカン、グレープフルーツ、柿、キウイなどの果物に多く含まれています。よくレモン百個分のビタミンCが入ったサプリやドリンクが売られていますが、過剰なビタミンCは数時間で体外に排出されてしまいます。一度にたくさんのビタミンCを摂取するのは意味がなく、三度の食事から少しずつ摂取するほうがはるかに効果的です。

フェニルアラニンは、第4章でお話しするセロトニンを生成する「トリプトファン」とともに、「うつ病の予防や治療に効果がある」と説明しているインターネット上のサイトがたくさんあります。そのせいか、これらのサプリメントも売られています。

ですが、大規模な医学研究において、こうしたサプリメントがうつ病の予防や治療に効果があったという報告は、ほとんどありません。

また、フェニルアラニンのサプリメントを大量にとって、ノルアドレナリンがより多く生成されて、集中力が高まったという実験データもありません。

フェニルアラニンが不足した状態では機能低下を起こしますが、過剰摂取したからといって、機能アップはしないのです。このあたりは、ドーパミンの原料の「チロシン」と同じですね。

必須アミノ酸やビタミンは、食事から継続的に摂取するのが一番です。どのようなサプリメントよりも、バランスの良い「普通の食事」こそが効果的なのです。

Chapter 2 Summary

まとめ

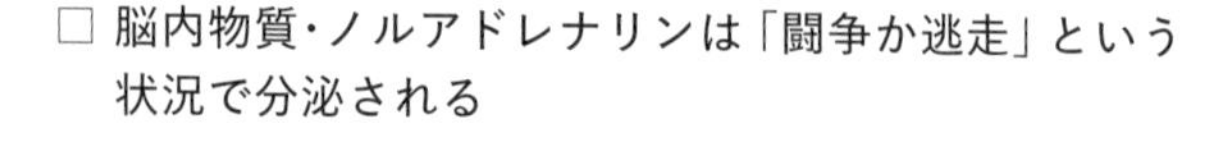

- □ 脳内物質・ノルアドレナリンは「闘争か逃走」という状況で分泌される
- □ 恐怖や不安によってノルアドレナリンが分泌されると、注意・集中力、覚醒度がアップする
- □ ノルアドレナリンによるモチベーションアップは、短期で使って最大効果を出せる
- □ 締め切りを設定するだけで、仕事効率は大きくアップする
- □ ドーパミン型モチベーション（＝ほめる）と、ノルアドレナリン型モチベーション（＝叱る）をバランスよく使い分ける
- □「うっかりミス」が増えてきたら脳が疲れている証拠。休息が必要だという赤信号である
- □ 仕事は楽しくてもストレスになる。仕事のしすぎには注意しよう

3

アドレナリン仕事術

「怒り」と「興奮」を
味方に変える

☑ 日本人にはおなじみのメジャー脳内物質

世界記録を塗り替え続けた金メダリストの秘密

北京オリンピックの女子棒高跳びで、金メダルをとったロシアのエレーナ・イシンバエワ選手。「女性では不可能」と言われていた5メートルの壁を初めて突破した選手であり、今まで28回も世界記録を更新しています。北京オリンピックでも5メートル05の世界新記録を樹立しました。

このイシンバエワ選手は、明石家さんまさんが司会のオリンピック特番で、「本当はどれくらいまで跳べるの？　練習だったら5メートル20センチくらい跳んでるんじゃない？」と聞かれたとき、こう答えていました。

「そんなに跳べないわ。高くても4メートル80センチくらいまで。練習では試合のようなアドレナリンは出ないから。そんな練習も必要ないし、基本の反復練習が大切なの」

この言葉を聞いたとき、私は非常に腑に落ちました。

世界記録を塗り替え続けるようなトップアスリートが、「アドレナリン」を意識して練習し、試合にのぞんでいることがわかったからです。

アドレナリンは恐怖や不安を感じたときに、交感神経からの指令を受けて副腎髄質から分泌され、「闘争」や「逃走」を助けるホルモンです。

アドレナリンが血中に放出されると、心拍数や血圧が高まり、筋肉に血液が行き渡ります。また、血糖を高め、瞳孔を開き、覚醒度を上げ、注意・集中力を高め、身体と脳を「臨戦状態」にします。

ここまで読むと、前章でご紹介した「ノルアドレナリン」と似ていると思われるでしょう。アドレナリンとノルアドレナリン。名前もよく似ています。どちらも恐怖や危険を回避するための「逃走ホルモン」です。

とはいえ、まったく同じではありません。主に脳と神経系を中心に活躍するのがノ

アドレナリンの生合成過程

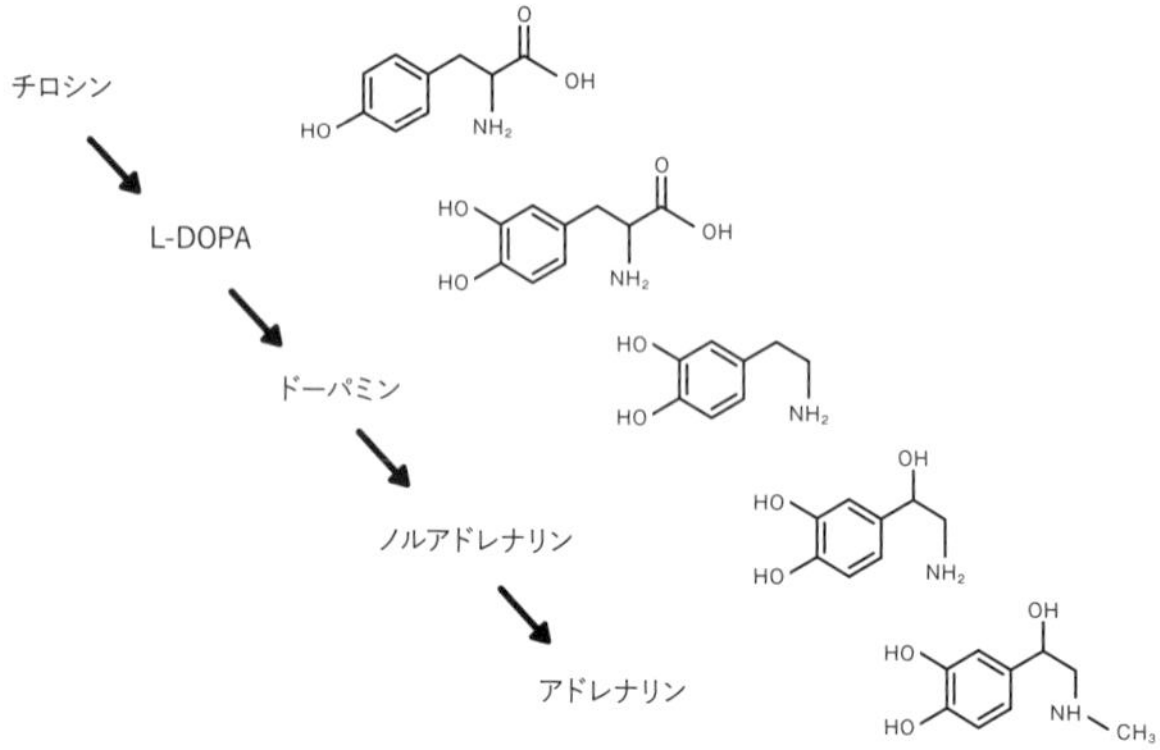

チロシン
↓
L-DOPA
↓
ドーパミン
↓
ノルアドレナリン
↓
アドレナリン

ルアドレナリン、脳以外の身体の各臓器、特に心臓や筋肉を中心に影響を及ぼすのがアドレナリンといった違いがあります。

ノルアドレナリンとアドレナリン、さらに第1章でお話しした「ドーパミン」は、いずれも興奮系の神経伝達物質で、相互に密接な関係があります。

アドレナリンが生合成される過程は、「チロシン→L-DOPA→ドーパミン→ノルアドレナリン→アドレナリン」です。ノルアドレナリンが副腎髄質において、アドレナリンに変換されるわけです。

細かいことを言えば、ノルアドレナリ

ンは副腎以外に交感神経端末からも分泌されますが、アドレナリンは副腎からしか分泌されません。

ノルアドレナリンとアドレナリンの受容体は、脳内にも全身にも存在します。ただ、割合からいうとノルアドレナリン受容体は脳への分布が多く、アドレナリン受容体は全身の臓器に分布し、特に「心筋」「平滑筋」などの筋肉に多いのです。こうしたことも関係し、アドレナリンは心臓や筋肉を中心に活躍します。

その一方で、アドレナリンは「集中力増強効果」や「記憶の定着」などにも深く関係しており、脳内の精神機能においても重要な役割を担っています。

アメリカでは「アドレナリン」は使われない?

アドレナリンは、日本、欧州ではこの名が使われていますが、アメリカでは「エピネフリン」と呼ばれています。前章で出てきた「ノルアドレナリン」も、アメリカでは「ノルエピネフリン」と呼ばれることが多いのです。

アドレナリンを発見したのは、実は日本人です。1900年に高峰譲吉が、ウシの副腎からアドレナリンを世界で初めて結晶化することに成功しました。高峰譲吉は理化学研究所の設立者の1人で、「タカジアスターゼ」の発明者としても知られていますから、ひょっとしたら聞き覚えがあるかもしれません。

しかし、同時期にアメリカやドイツなどでも研究が行われており、アメリカの研究者のジョン・ジェイコブ・エイベルは、ヒツジの副腎から分離した物質に「エピネフリン」と名付けました。このためアメリカでは、今でも「エピネフリン」という呼び方が主流になっています。

高峰譲吉の生涯とアドレナリン発見の経緯は、映画『さくら、さくら～サムライ化学者高峰譲吉の生涯～』（2010年）で詳しく描かれています。当時としては珍しくアメリカ人と結婚し、アメリカに渡り研究生活を続けたバイタリティ豊かな高峰の性格が、見事に描かれた作品だと思います。

映画と言えば、邦題が『アドレナリン』というタイトルの作品もあります。『トランスポーター』で一躍有名になったジェイソン・ステイサムが主演で、原題は『Ｃｒａｎｋ』（覚醒剤の俗語）です。2006年に公開されました。

殺し屋のシェフ（ジェイソン・ステイサム）は、ある朝目覚めると、宿敵ヴェローナに毒を注射されていました。1時間で命を奪うという猛毒です。毒の作用を止めるには、アドレナリンを出し続けるしかありません。シェフは、運動したり、殴り合いをしたり、危険な目に遭ったり、SEXをしたり、あらゆる「興奮」でアドレナリンを出し続けながら、ヴェローナへの復讐のために手がかりを求めて街中を走り回ります。

ちょっとコミカルなB級アクション映画で、少々粗さも目立つものの、「アドレナリンを出し続けなければ死ぬ」という設定はかなり斬新だと思いました。なによりこの映画を見ると、アドレナリンの出し方がよくわかるのです。

邦題にアドレナリンとつけられたことは、この言葉が日本人の間で、ある程度認知されていることを示すでしょう。

確かに「アドレナリンが出ている」「アドレナリンを出すぞ！」といった表現は、私たちの日常会話の中でも、ときどき使われることがあります。ミュージシャンの山崎まさよしさんも、『アドレナリン』という曲を発表しています。

さらには「アドレナリン・ジャンキー」という言葉まであります。平和な日常に物足りなさを感じ、アドレナリンを出すような興奮、危険、スリルを常に追い求める人たちです。

スカイダイビングやバンジージャンプ、モトクロスバイクなどの強い興奮と恐怖をともなうスポーツに挑み続ける人。仕事においては、忙しくないとやりがいを感じられず、リスクのある仕事や期限の迫った仕事を好み、残業や休日出勤に喜びを感じる人たちのことをさします。

一般に「アドレナリンが出ている」は、「神経が興奮して高ぶっている」といった意味として使われると思います。このときの実際のアドレナリンの働き、機能はどうなっているでしょう?

アドレナリンを出して、身体能力をアップ!

室伏選手に金メダルをもたらした「シャウティング」

ハンマー投げの室伏選手が、ハンマーを投げる直前に大きな声を出すところを、テレビで見たことがある人も多いでしょう。室伏選手に限らず、投擲競技の選手たちの多くが、投げる直前に大声を出しています。

どうして投擲競技の選手たちは、大きな声を出すのでしょうか?

「気合を入れるため」といった心理的な理由を考える人が多いでしょうが、実はそうではありません。ずばり、アドレナリンを分泌させるためです。

大きな声を出して叫ぶことで、脳に刺激が与えられ、アドレナリンが分泌されます。この「シャウティング効果」は、実験的にも確かめられています。

シャウティングは、他のスポーツでも用いられていると思います。

例えば、バレーボールで、ピリオドの始まる前や、タイムアウトからのゲーム開始前に「ファイトー」「オー」と声を上げることは、よくあります。あるいは野球でも、ゲームの前に「ファイトー、ファイト、ファイト、ファイト、オー」と叫び声を上げて、気分を盛り上げ、団結をはかります。

格闘技や剣道でも、「気合」を入れるということで、攻撃の瞬間や攻撃の合間に声を出しています。アドレナリンによって精神的な集中を高めると同時に、筋肉にも力がみなぎるのです。


仕事でも大きなプロジェクトの立ち上げなどでは、「頑張るぞ、オー!」と声を出し合うことがあります。ビジネスシーンでは筋力は求められませんが、アドレナリンは集中力や判断力も高めます。シャウティングでアドレナリンを活性化させることは、ビジネスシーンでも有効なのです。

ただし、アドレナリンが分泌されるためには、かなり「大きな声」で叫ばなくてはいけないようです。室伏選手のように、腹の底から絞り出される大きな「叫び」によって、ようやくアドレナリン分泌を誘発します。

同じ叫ぶのなら、腹の底に力を入れて、腹から絞り出すような大声で叫ぶべきです。

それにより、アドレナリン分泌効果が得られます。

追いつめられた局面で、ピンチをチャンスに変える

アドレナリンの効果は、大まかに言えば2つです。

・身体機能や筋力などを一時的にアップさせる「身体に対する効果」
・集中力や判断力を高める「脳に対する効果」

火事になったときにおばあさんが、持てるはずもない大きなタンスを背負って逃げた、という話があります。俗に「火事場の馬鹿力」と言われますが、この馬鹿力の原動力こそアドレナリンです。

野球選手が「ボールが止まって見えた」と言ったり、プロボクサーが「パンチがゆ

っくり見えた」といったことを言うのも、アドレナリンの影響が考えられます。アドレナリンが分泌された状態では、時間の進み具合が遅く感じられるのです。

注意すべきは、アドレナリンの効果はせいぜい数分です。

野球のプレイボール前に「ファイトー、オー」とシャウティングをしてアドレナリン分泌を誘発しても、ゲームの最後まではとうていもたないのです。シャウティングはピンチに陥ったときに、ピンポイントで使ってさらに効果が倍増します。

試合中のあと1点とれば勝ち、あるいは1点とられたら負けといった場面で、監督からの指示を受け、選手たちは円陣を組みます。そして、「ファイトー、オー」と叫びます。これは心理的な団結を促すだけではなく、「気合を入れる」＝「アドレナリンの分泌」と考えると、脳科学的にも、非常に大きな意味を持ってくるわけです。

また、「ピンチはチャンス」とよく言われますが、これも脳科学的には正しいと思います。「ピンチ」と感じた瞬間、「不安」や「恐怖」を感じることで、アドレナリンやノルアドレナリンが分泌されるからです。その結果、平時を超えた身体機能と集中力が引き出されて、実力以上の力を発揮できます。

さらに、アドレナリンは「怒り」によっても分泌が促されます。

格闘技などでは、選手が試合前に相手をにらみつけたり、罵声を浴びせたりと、露骨に「怒り」を表現するシーンもあります。

おそらくはわざと、自らの怒りを引き出しているのではないかと思います。自らを怒りの状態に追い込むことによって、意識的にアドレナリンを分泌させ、自分を奮い立たせるとともに、筋力増強効果を得ようとしているのかもしれません。

興奮しすぎて、自分が抑えられなくなる悪影響も……

心臓がドキドキしすぎで、バクバクしてしまう。手に汗がにじむ。脇の下まで、汗がにじんでくる。興奮しすぎて、頭がボーッとしてしまう。

こうした徴候が見られるときは、「アドレナリンの過剰分泌」が疑われます。アスリートなどが、「筋肉がこわばってしまい、思うように動けなかった」といったことを言いますが、確かに緊張によって血圧が上がりすぎ、筋肉に過剰に血液が送られたとすると、ベストパフォーマンスは発揮できなくなります。

いくら「ピンチはチャンス」だからといって、あまりにも追い込まれた状態では、アドレナリンがマイナスに働いてしまうわけです。

また、格闘技では選手が興奮しすぎて、過剰な攻撃を加える場面もときどき見られます。特に立ち技系格闘技では、倒れた選手に対する攻撃は反則になり、場合によっては反則負けにもなります。にもかかわらず、そこまでやってしまうのは、アドレナリンの過剰分泌が疑われます。

ひどいことをしたあとに、「カッとして頭が真っ白になった」ということを言う人もいますが、これも理由は同じです。アドレナリンが出すぎているのです。

アドレナリンが適量分泌されると、筋力と集中力がアップして、自分の本来の実力以上の素晴らしい結果を出すことができます。反面、過剰に分泌されると、冷静さを失って暴走してしまい、わけがわからなくなるのです。あるいは、筋肉がこわばり、ベストパフォーマンスを発揮できなくなります。

アドレナリンも「適度な分泌」が重要であって、「過剰な分泌」はむしろマイナスに働きます。そのことは忘れないでください。

アドレナリンのオン／オフを身につけよう！

絶対に、24時間も戦ってはいけません

かつて栄養ドリンクのキャッチコピーに、次のようなものがありました。

「24時間、戦えますか?」

昼はバリバリ仕事をこなし、夜もまた残業をして仕事をする。こうして24時間戦い続けられる「企業戦士」のようなビジネスパーソンが、カッコイイというイメージを持っていた人は、昔はたくさんいました。

しかしながら、絶対に、24時間戦い続けてはいけません。

アドレナリンはピンチや危機を乗り越えるために重要な物質である反面、アドレナリンが分泌されすぎると心臓がバクバクして極度な緊張に陥ったり、冷静さを失った

りと、よくないことも起こってきます。

アドレナリンは、私たちにとって、敵なのか、味方なのか？

結論から言うと、「強力な味方」でもあり「命をおびやかす敵」でもあるのです。

アドレナリンは、いわば「勝負物質」です。危機に瀕したとき、ピンチに直面したときなど、「ここが勝負」という場面で、われわれの未知のポテンシャルを引き出してくれます。その意味では、間違いなく強力な味方です。

しかし、「アドレナリン」を出していると、自らの実力以上のパフォーマンスが引き出されます。この魅力に逆らいきれず、日常生活でもついつい、アドレナリンの力を借りたくなることがあります。

アドレナリンの快感に身を委ねてしまい、興奮や危険、恐怖を求め続けたくなるわけですね。先ほどご紹介したアドレナリン・ジャンキーです。

24時間戦い続ける。

残業している自分が好き。

「俺って仕事が大好き」と口にする。

休日出勤する自分に自己満足を感じる。

こうした人たちは、アドレナリン・ジャンキーであり、さらには仕事依存症に陥っているかもしれません。

私は精神科医という仕事柄、こうした人に「あまり働きすぎるのはよくないですよ」とアドバイスをしますが、「仕事人間でいいじゃないか！　自分がどんなライフスタイルをしようが個人の自由だ！」といった反論が返ってきます。

自分がどんな生き方をするのかは個人の自由です。ただ、過激にアドレナリンを出し続けるような生活を続けていくと、いずれ病気になります。いきなり心筋梗塞や脳卒中で倒れて、そのまま亡くなる方までいます。

仕事の場で戦い続けるアドレナリン・ジャンキー的生活は、非常に危険です。今は充実していたとしても、心臓疾患、脳卒中、糖尿病、がんなどの身体の病気だけでなく、うつ病などの心の病気の原因にもなりかねないのです。

その理由は、アドレナリンが「ストレスホルモン」でもあるからです。

アドレナリンの持つ「天使の顔」と「悪魔の顔」

ストレスホルモンには、いくつかの種類があります。

アドレナリンとノルアドレナリンは、ストレスホルモンの一種であり、ストレスに反応して速やかに分泌されます。

これらでストレス対応ができない場合は、下垂体から「ＡＣＴＨ（副腎皮質刺激ホルモン）」が分泌され、副腎皮質から「コルチゾール」が分泌されます。

アドレナリンやコルチゾールは、ストレス反応に対する「心と体の救急隊」のようなものです。アドレナリンはストレスホルモンの先発部隊であり、コルチゾールは後発部隊。当然、後発部隊のほうがパワフルに働きます。

ストレスホルモンというと悪玉のようにも聞こえますが、実際は循環器系、内分泌系、免疫系など全身に働きかけ、種々のストレスから守る役割を担っています。われわれを保護してくれる「善玉」なのです。

アドレナリンやコルチゾールは、誰でも、そして毎日分泌されています。コルチゾ

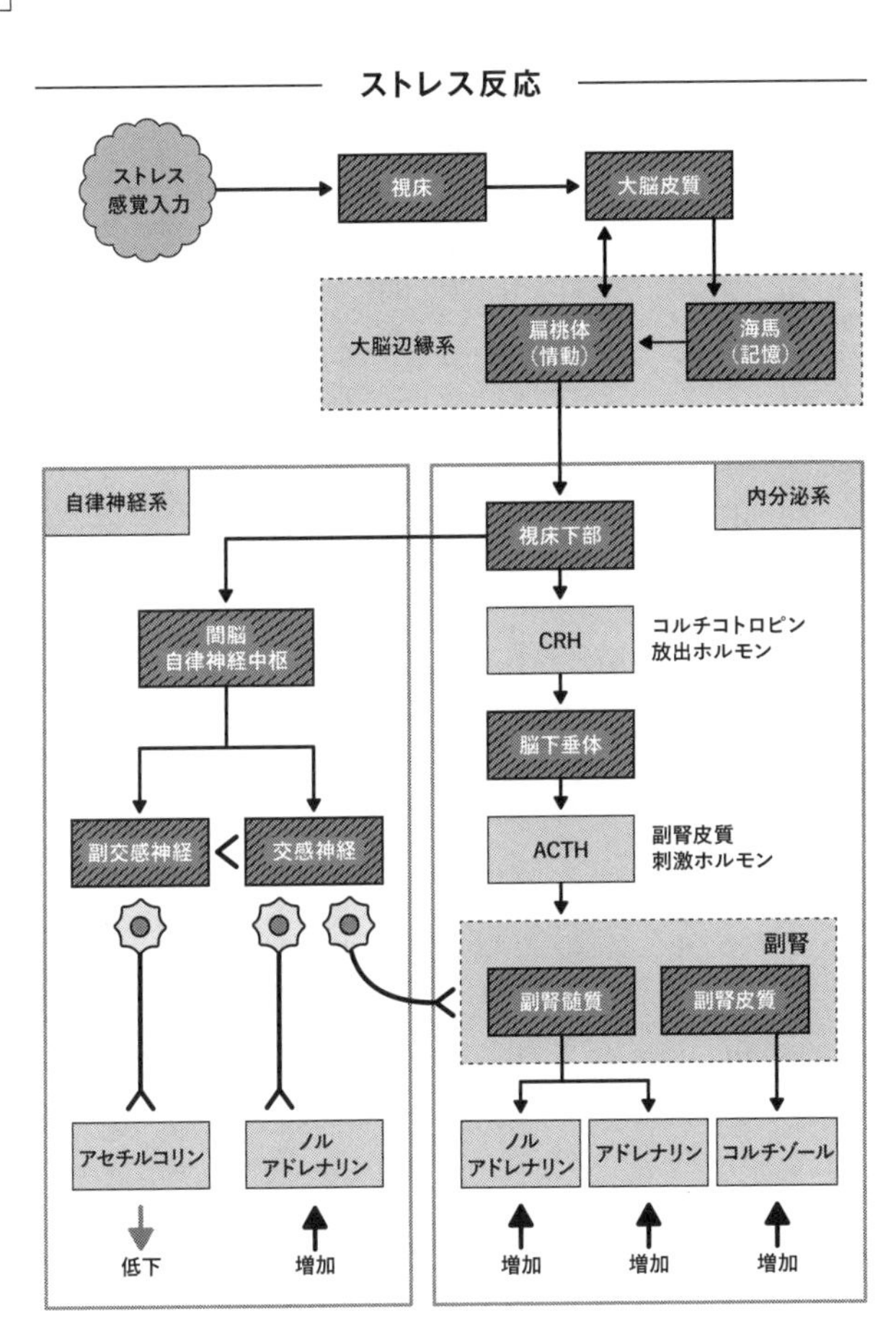

注）わかりやすく説明するために実際の機能を単純化しています。

ールの場合、早朝に大量に分泌され、だんだん減って夜には少なくなっていきます。アドレナリンも日中は高く、夜間は低くなります。こうした昼と夜とでくり返される規則性のある体内のリズムを「サーカディアン・リズム（概日リズム）」と言います。

つまり、日中の生活自体が全てストレスで、それに対応するために毎日、アドレナリンやコルチゾールが分泌されているわけです。アドレナリンやコルチゾールが分泌されるのは、生理的な反応で、全く悪いことではありません。

しかし、夜間までコルチゾールの血中レベルが高いことは、身体にさまざまな悪影響を及ぼします。コルチゾールには「免疫抑制作用」がありますので、体内の免疫の活動を低下させ、その影響で感染への防御力が弱くなり、感染症にかかりやすくなります。リンパ球の働きも抑えますから、がんに対する免疫も弱まり、がんになりやすくなります。

また、インスリンの作用を抑制するために、長期にコルチゾールが高い状態が続くと、肥満の原因となり、糖尿病にかかりやすくなります。うつ病患者も、コルチゾールが高くなる傾向があり、関連性が否定できません。

人間の体というのは、昼はアクティブに活動し、夜間は休息するように、時間の変化にともなって各種のホルモンが動員されるプログラムがされています。

これが夜間にもストレス反応が続いて、1日中、活動し続けてしまうと、「心と体の救急隊」は疲弊状態に陥ってしまうわけです。アドレナリンもコルチゾールも、昼間は側にいてほしい「天使」ですが、夜になると「悪魔」に変身するのです。

ですから、夜間はアドレナリンやコルチゾールには、お引きとり願いましょう。そのためには、リラックスして心身を休めるだけでいいのです。

夜遅くまでの残業。気が休まる暇もない緊張の連続。睡眠不足を引き起こすような不規則な生活。これらが「悪魔」の顔を持ったストレスホルモンを引き寄せる原因となるのですから、そうした要因を排除して「天使」のままでいてもらうのです。

全身の各臓器は、自律神経系によって制御されています。自律神経系は「交感神経」と「副交感神経」に分けられます。

交感神経は「昼」の神経であり、「活動」の神経です。

副交感神経は「夜」の神経であり、「休息」の神経です。

人間は、昼間は交感神経が優位となって、全身の臓器が活発に働きます。しか

交感神経と副交感神経のバランス

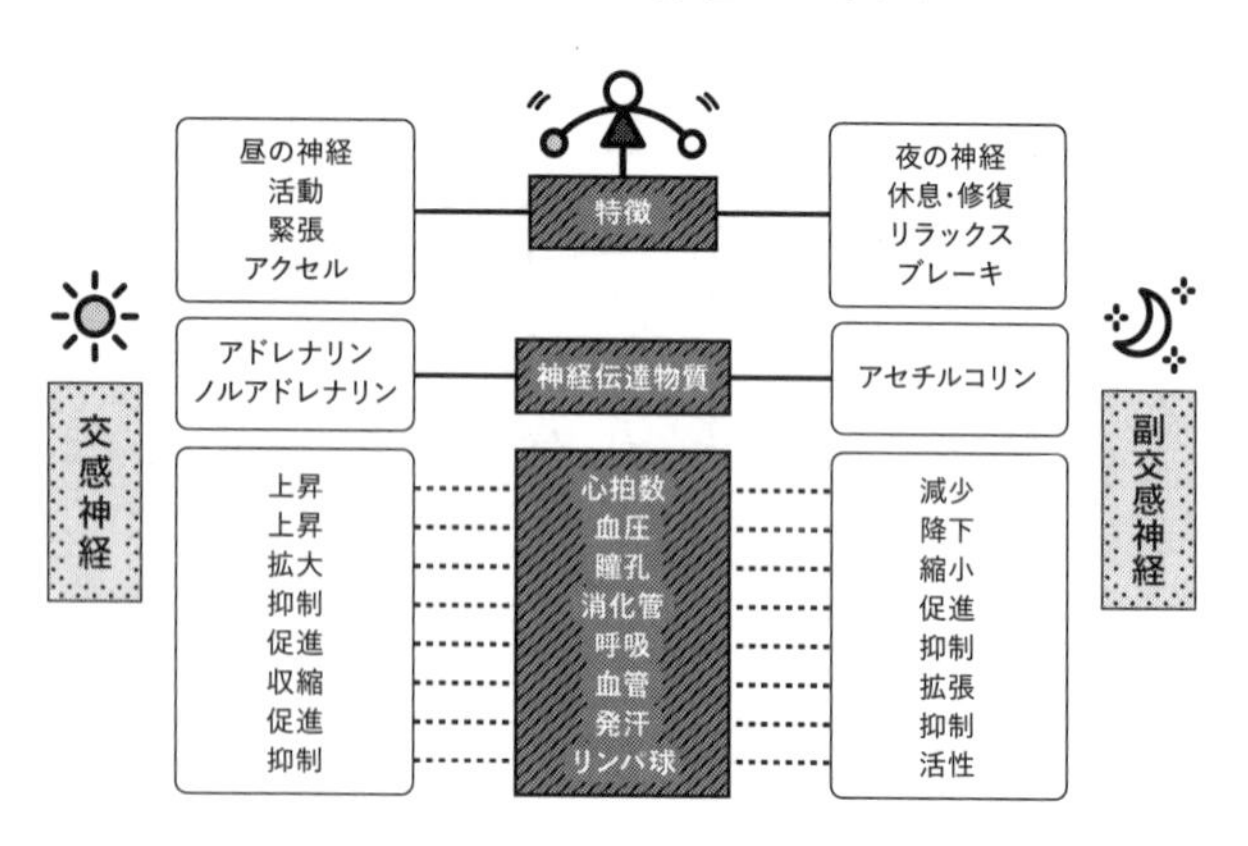

し、夜の間は副交感神経が優位となって、「お休みモード」に入ります。昼間に働きすぎた臓器を、夜間に休養・修復するのです。

夜間の高速道路では、二車線の片側を閉鎖して、道路工事をしているのを見かけます。昼間にたくさんの車が通行して傷んだ道路を、夜の間に修理・修復しているのです。これと同じことが、体内でも起こっているとイメージしてください。

自律神経系を制御する主な脳内物質は、アドレナリン、ノルアドレナリン、アセチルコリンです。アドレナリンは交感神経系に作用するため、夜間にもアドレナリンが出てしまうと、各臓器の修復は進まず、免疫力も低下します。

アドレナリンの分泌を、昼と夜とでオン／オフするというのは、交感神経と副交感神経のスイッチをオン／オフするのと同じです。

最後に成功するのは、オフタイムの使い方がうまい人

いわゆる「仕事人間」は、2つのタイプに分かれます。

1つは、バリバリと猛烈に仕事をこなし、仕事で大きな成功を手にし、長生きする人。もう1つは、仕事人間で頑張り屋さんだったのに、正に働き盛りの40～50代で突然、心筋梗塞やがんなどの大きな病気になってしまう人。

2つのタイプの仕事人間の違い、天国と地獄の境目はどこにあるのでしょうか？

「病気になった人は、運が悪いんだ」

そのように思われるかもしれませんが、決して「運」だけではありません。

ほとんどの病気、特に生活習慣病にかかる方は、病気になってもおかしくない生活習慣をしています。過労。緊張の連続。休息不足。睡眠不足。運動不足。偏った食事

など。身体によくない無理の多い生活習慣です。

仕事だけを頑張るのではなく、オフの時間に仕事以外の「遊び」や「趣味」に一生懸命になる。その切り替え。そして、仕事以外の「オフ」の時間の良質なインプットが、結果として発想力や活力として生かされます。

まさに成功者は、昼はバリバリと仕事を頑張り、オフはしっかりとリフレッシュする。「アドレナリン仕事術」の優秀な実践者なのです。

アドレナリンをオフにする「7つの習慣」

アドレナリンをオフにしてリフレッシュの時間を持つ。これにより、交感神経から副交感神経優位に切り替え、深い睡眠に入ることができます。

そのためには、入眠前の2～3時間の過ごし方が重要です。具体的には、次のようなことに注意して生活してください。

〈1〉興奮系娯楽はほどほどに

アドレナリンが出ている状態とは、スリルや興奮で心臓がドキドキしている状態です。ゲームをしているとき、あるいはアクション映画やホラー映画を見ているときは、アドレナリンが出ているはずです。

カラオケでのストレス発散も、熱唱系の歌を歌えば、「シャウティング」と同じ効果があります。アドレナリンを分泌させているのです。

私は映画が大好きですし、ゲームもカラオケも好きです。もちろん、こうした興奮系の娯楽も愛好しています。ですが、夜間や深夜、特に寝る前に楽しむのは、不適当なのです。

〈2〉風呂、シャワーは温度に注意する

仕事から帰り、風呂に入る。あるいは、シャワーを浴びてリラックスする人は多いでしょう。このときのお湯の温度によって、交感神経を刺激するのか、副交感神経を刺激するのか違ってきます。

だいたい40度を超える熱いお風呂に入ると交感神経優位となり、40度未満のぬるい

お風呂だと副交感神経優位になると言われます。

熱いお風呂が好きな人は、入眠2時間前までに済ましておきましょう。ぬるめのお風呂でゆったりとリラックスすることで、アドレナリンをオフにできます。特にぬるま湯の半身浴などは、副交感神経を優位にします。

〈3〉入眠前に激しい運動をしない

仕事帰りに、ジムに寄って爽やかな汗を流す人もいるでしょう。これは運動不足解消のためには素晴らしい生活習慣ではあるのですが、夜10時以降とか遅い時間帯に激しい運動をして、帰ってすぐにベッドに入ってしまっては、交感神経をオンにしたまま眠りにつくことになります。

激しい運動、すなわち筋肉トレーニングや有酸素運動は、入眠2時間前には終わらせておくべきです。

入眠前にする運動として、ストレッチやヨガのような動きの少ない軽い運動がオススメです。筋肉をリラックスさせ、副交感神経を優位にし、眠りを助けます。ゆっくりとした深呼吸、腹式呼吸で行う運動もいいですね。

〈4〉遅くまで残業しない

終電ギリギリまで仕事をして、終電で帰宅する。そうなると、あとはコンビニで何か買ってそれを食べて、シャワーを浴びて寝るくらいしかできません。

これでは入眠の2～3時間前まで、仕事をしていたことになります。寝る直前まで、交感神経優位の状態にあるわけです。そんな状態で、帰ってすぐにフトンに入っても、すぐに副交感神経優位に切り替わるはずがありません。

緊張した状態でフトンに入れば、睡眠をとっても疲れが充分にとれません。遅くまで残業をする人は、疲労が蓄積する一方なのです。

〈5〉ゆるい時間を持つ

何もしない、ボーッとして過ごす。あるいは、ダラダラと過ごす。

一見時間の無駄のように思えますが、こうした「何もしない時間」というのは、アドレナリンをオフにするためには非常に重要です。

こうした何もしない時間に、気に入った音楽を流したり、アロマで香りを楽しんだりするのも、特にリラックスには有効です。

家に帰って「のんびりしよう」と思ったときに、ソファーに横になり、スマホで動画を再生してしまう人はたくさんいます。これは実によくありません。スマホは脳を興奮させるからです。

人間の情報入力の90％は視覚情報です。この視覚情報の処理のために、脳はかなりのエネルギーを費やしています。膨大な視覚情報の処理に忙殺されて1日疲れた脳を、家に帰ってまでスマホを見て、さらに疲れさせることはないでしょう。

スマホは見ずに、ゆったりとした自分の時間を持つ。精神的なリラックスとともに、副交感神経が優位の状態に切り替わり、深い眠りに入ります。

〈6〉家族や仲間と過ごす（コミュニケーションによる癒し）

仕事を終えたあとに友人と食事をするのは、非常によいオフの過ごし方です。人は人によって癒される。気心の知れた友人と打ち解けた時間を過ごす。豊かな人間関係が、私たちを興奮と緊張から解放してくれます。

このときに重要なのは、やはり誰と会うかです。

居酒屋に行くとサラリーマンが3人くらいで、上司や会社の悪口などを言っている姿を見ますが、これは全くリラックスになりません。当人たちはストレス発散のつもりでしょうが、頭の中は仕事のことで埋め尽くされていますから。これでは仕事モードを引きずっていて、緊張状態も持続しています。

それに「怒り」は、アドレナリンと密接に結びついた感情です。怒りにまかせて悪口を言うのは、アドレナリンを出しまくる行為と言えるでしょう。たまには悪口もいいですが、毎日のようにやっていると、持続的、継続的にアドレナリンが分泌されることになり、悪口そのものがストレスになっていきます。

仕事と直接関係のない友人と、仕事のことは忘れて会話を楽しむ。こういう人との会い方は、アドレナリンをオフにして癒しをもたらすでしょう。

〈7〉休息を意識する

ほとんどのビジネスパーソンは、仕事を頑張ることを強く意識します。反面、「休息」については、あまり意識することがないと思います。

休息を意識しない生活は、結果として身体を壊したり、うつ病になります。日本人の自殺率が先進国の中でトップレベルなのも、休息よりも仕事を重視する価値観が、当たり前になっているからだと私は考えます。

健康があって初めて仕事ができるのです。健康の礎となる休息は、仕事よりも重要視しないといけません。仕事をバリバリ頑張るためにこそ、あえてアドレナリンをオフにして、しっかりと休息をとることが不可欠なのです。

緊張や不安はコントロールできる！

心臓がドキドキしたら「成功する」と思え

重要な会議やプレゼンテーションなど、われわれの日常生活でも、緊張を隠しきれない場面があります。

緊張すると心臓がドキドキします。このドキドキが苦手な人も多いでしょう。「自分はアドレナリンが出すぎだ」と思うかもしれません。

ですが、それを過剰に心配する必要はありません。緊張とともに心臓がドキドキするときは、あなたが１００パーセント以上の実力を発揮し、「成功」する予兆なのです。

緊張すると心臓がドキドキするのは、緊張という精神的な刺激によって、「カテコールアミン」という物質が分泌されているからです。

カテコールアミンは、心臓が弱った患者さん、あるいは心肺停止状態の患者さんを蘇生するときに投与する薬としても使われており、心臓を動かす作用が非常に強い物質です。アドレナリンもカテコールアミンの一種ですから、アドレナリンが分泌されると、心臓がドキドキするのです。

重要な会議の前など緊張を感じているときは、アドレナリンやノルアドレナリンが分泌されます。結果、集中力や筋力がアップし、心と身体は臨戦状態になっています。心臓がドキドキするということは、緊張の証拠というよりも、「脳も身体も最高のパフォーマンスを発揮できる状態」と理解するべきなのです！

大事な会議などの前にドキドキしたら「いつもよりうまくやれる徴候だ！」と思う。ピンチに陥ってドキドキしたら「ピンチを乗り越えられる徴候だ！」と、ポジティブにとらえてください。

「心臓がドキドキするのは、成功する証拠」

この言葉を、おまじない的に心の中でつぶやいてみましょう。脳内物質の働きを知っていれば、ドキドキや緊張も恐くないはずです。

最もお手軽な緊張コントロール法は「深呼吸」

とはいっても、あまりにもドキドキしすぎる場合。興奮しすぎて頭がボーッとするなど、緊張が強すぎる場合は、「深呼吸」でアドレナリンをコントロールすることもできます。

「緊張したら深呼吸をしよう」

こうしたことは、昔から言われています。あなたも聞いたことがあるはずです。しかし、おまじないや迷信の類と考え、実践していない人も少なくないようです。実際には、医学的にも根拠がある「正しい緊張緩和法」と言えます。

心臓がドキドキし、極度に緊張した状態になったら、深呼吸をしてください。

具体的な深呼吸の方法、アドレナリンを抑えるのに効果的な深呼吸の方法を紹介しておきます。

睡眠にもいい「448呼吸法」

深呼吸の一つの方法として「448呼吸法」を紹介します。

① 軽く鼻から息を吐き切ります。
② ゆっくりと鼻から4秒かけて息を吸います。
③ 息を吸ったら、4秒息を止めます。
④ 続いて、鼻からゆっくり8秒かけて息を吐きます。
⑤ 「448」を4回くり返します。

これは、ハーバード&ソルボンヌ大学の根来教授によって提唱された方法。「448呼吸法」を4回ほどくり返すことで、交感神経から副交感神経に切り替わります。緊張しているときに行うと、気分が落ち着きます。寝る前に行うと、睡眠に入りやすいという効果もあります。

満員電車は強烈なアドレナリン・ストレス

私は札幌出身で、東京には15年以上住んでいますが、都会の通勤ラッシュは今でもつらいです。仕事柄、本当に混んでいる時間帯にはときどきしか乗りませんが、毎日満員電車で通勤されている方は、相当なストレスだと思います。

そうした満員電車の車内で、「カバンが邪魔だ」「足を踏んだ」「ぶつかった」と言って、もめている人がたまにいます。実際、私も満員電車に乗っていて、ちょっとしたことで「ムッ」としてしまった体験があります。

満員電車に乗るとイライラする、怒りっぽくなることは、誰にも起こることです。

ある研究で、「臨戦態勢の戦闘機のパイロット」「機動隊の隊員」「電車で会社に通勤する人」の心拍数や血圧を測定して比較したところ、電車通勤の人がもっとも高い数値を示したといいます。

データ上は、満員電車に揺られて電車通勤をしている人は、戦闘機のパイロットや機動隊の隊員よりも、強いストレスを受けていることになります。満員電車のストレスというのは、想像以上に大きいのです。

あるいは、スウェーデンで通勤電車の乗客を対象に、混雑が心身に与える影響を調べた研究もあります。この研究によると、終点に近い途中の駅から混雑した車両に乗り込んだ乗客は、出発駅近くの空いた車両のときから乗った乗客より、採取した尿から高いレベルのアドレナリンが検出されたそうです。

また別の研究ですが、狭いケージにたくさんのラットを過密状態にして飼育すると、アドレナリンの血中濃度が異常に高値となり、噛みつき合うなどの攻撃的な行動が増えました。さらに密集が進むと、共食いや雄同士での交尾も認められたそうです。

こうした研究結果からも、満員電車に乗ってイライラする、怒りっぽくなるという精神的な変化にも、アドレナリンが関係していると考えられます。

ストレスによるアドレナリンの分泌は、肉体にも影響を与えます。

最近、ちょっとした「地鶏」ブームで、多くの居酒屋で地鶏料理がメニューにあります。狭いケージに入れられて育ったブロイラーと、平飼い（地面を歩ける環境）で育てられた地鶏。地鶏のほうがおいしいのは当然です。

密集環境で飼育された、豚、牛、鶏などの家畜は、血中のアドレナリンやコルチゾールが非常に高値を示すという研究データがあります。狭いケージに入れられてほとんど運動できない状態で飼育されるのは、ものすごいストレスですから、ストレスホルモンであるアドレナリンやコルチゾールが、著しく高値となるのですね。

コルチゾールは免疫抑制作用を持ちますので、コルチゾールが高い状態が続くと、感染症をはじめとして、いろいろな病気にかかりやすくなります。そのため、家畜の餌に抗生物質や各種サプリメントを混ぜて飼育しないと、すぐに病気になってしまうのです。

抗生物質入りの餌を食べて育てられた不健康な家畜の肉よりも、運動ができてストレスも少ない環境で育てられた肉のほうがおいしい。これは当たり前です。「密集環境＋運動不足＝不健康」の図式が成り立つのです。

満員電車に毎日ゆられ、特に運動もせずに職場と家の往復をする多くのサラリーマンは、まさに「ブロイラーと同じ状態」に置かれているのです。30分早起きして早い電車に乗るだけでも、満員状態はかなり緩和されています。少しでも密集ストレスを避ける工夫をしたいものです。

『DEATH NOTE』のLは、甘いもので頭を働かせる

マンガ『DEATH NOTE』は、累計発行部数3000万部超えの大ベストセラー。アニメ化、映画化もされています。この『DEATH NOTE』には、連続殺人犯である「キラ」を追いつめる天才的な電脳探偵「L（エル）」が登場します。

このLは、ちょっと変わったクセがあります。それは暇さえあれば、お菓子やケーキなどを食べ、コーヒーにも大量の砂糖を入れる超甘党なのです。

マンガから気になっていたこのLの奇行ですが、その理由が映画『L change the WorLd』（2008年）で説明されていました。

「糖分は脳にとって重要な栄養源だから」

脳は「ブドウ糖（グルコース）」を栄養源としています。タンパク質や脂肪などの栄養素を、直接エネルギー源として使うことはできません。そのため低血糖状態になると、脳は機能低下を起こし、イライラが引き起こされます。

脳の高いパフォーマンスを維持するためには、ブドウ糖を補給する必要があります。そのためにLの「甘い物好き」という設定があったのです。

この空腹のイライラは、アドレナリンとも深く関係しています。

空腹の状態が続くと、血糖値が下がり、脳のパフォーマンスを低下させてしまう危険性が出てきます。そこで、血糖値を上昇させるホルモンが分泌されて、極端な低血糖を防ぐ仕組みがあります。

この血糖値を上昇させるホルモンが、「グルカゴン」「アドレナリン」「糖質コルチコイド（コルチゾール）」「成長ホルモン」であり、低血糖になるとグルカゴンから順次、分泌されていきます。つまり、空腹となり低血糖が進むと、血糖を高めるためにアドレナリンが分泌されるのです。

この場合、アドレナリンが分泌された目的は、血糖値のアップです。ところが、闘争ホルモンでもあるアドレナリンは、イライラを誘発したり、怒りっぽくさせたりする作用があります。

興奮時や緊張時、あるいは身体を動かしているような状態では、アドレナリンのイライラ感は、それほど強く表れません。ですが、平常時や空腹時のアドレナリン分泌は、脳だけを不要に興奮させるため、イライラ感を強めるのです。

夕方の会議が長引いて、遅い時間まで延々と続くことがあります。そういう会議に限って、議論が紛糾したり、いいアイデアが出なかったりするものです。

アドレナリンの働きから考えても、ご飯を食べずに空腹の状態で会議をして、生産性が高まるはずはないのです。結果、さらに会議は長引きます。

夜の会議は、低血糖によるアドレナリン分泌を避けるために、なんらかの食事をしてから臨むべきなのです。

私の友人のTさんは、ちょっとしたミーティングをするときに、チョコレートやスナック菓子などを必ず差し入れてくれます。素晴らしい気遣いです。甘いものは低血糖の防止になり、会議の質を高めることにもつながるからです。

また、残業してから帰宅し、遅い時間に食事をするのも、オススメできません。

空腹のまま残業すると「低血糖による脳の活動低下」と「アドレナリンによるイライラ効果」のダブルパンチで、仕事効率を低下させている可能性があります。空腹のまま残業を続けるから、残業が余計に長引いているのかもしれません。

Chapter 3 Summary

まとめ

- □ 勝負物質・アドレナリンは、興奮や怒りと関連して分泌される
- □ アドレナリンは、身体機能を瞬間的に高めてくれる
- □ 腹の底から大声を出すとアドレナリンが出る
- □ ピンチに陥ってもあきらめるな。勝負物質アドレナリンがあなたを助けてくれるから
- □ 心臓がドキドキするのは成功の証拠
- □ 過剰な興奮や緊張は、深呼吸をするだけで収まる
- □ 満員電車はアドレナリンを分泌させ、かなりのストレスになっている
- □ 昼間はバリバリ働き、夜間はゆっくりと休みアドレナリンをオフにしよう
- □ アドレナリンをオフにする7つの習慣は「1 興奮系娯楽はほどほどに」「2 風呂、シャワーは温度に注意する」「3 入眠前に激しい運動をしない」「4 遅くまで残業しない」「5 ゆるい時間を持つ」「6 家族や仲間と過ごす」「7 休息を意識する」

4

セロトニン仕事術

「癒し物質」で、
朝仕事の効率化と気分転換

寝起きを改善するだけで、ビジネスタイムが快適に！

「朝のゴールデンタイム」に仕事を3倍効率化

出社前の数時間を自己投資の時間にあてる「早起き仕事術」の本が、書店には何冊も並んでいます。有名な経営者の自伝的な本を読んでも、多くの成功者が朝型の生活パターンをしていることがわかるでしょう。

早起きをすると仕事がはかどる、あるいは、午前中にどんな仕事をどれだけこなすかで、1日が大きく変わる。これは医学的にも正しいと思います。

朝起きてからの2～3時間は、「脳のゴールデンタイム」と呼ばれます。脳が最も活き活きと活躍してくれる時間帯なのです。その時間帯に何をするかで、1日でこなせる仕事量、さらには仕事の質が決定されます。

私の場合は、このゴールデンタイムを「原稿の執筆」にあてています。

夕方とか夜に執筆しようとしたこともありますが、いざ机に向かっても、一向に筆が進みません。しかし、脳のゴールデンタイムを使うと、午前中の3時間で4000～5000文字を書くことは、そう難しいことではないのです。

単に量をこなせるだけではなく、文章のクオリティも高いものが書けます。あくまでも私の実感ではありますが、脳のゴールデンタイムを活用する場合としない場合とで比較すると、仕事の効率が3倍以上に変わります。

しかし残念ながら、日本人の多くは脳が最も活き活きとして生産性の高いこの時間帯を、なんと「通勤」にあてているのです。

朝7時に起きて、身支度をして、8時に家を出て、9時に会社に到着する。満員電車にゆられて会社に到着したら、すでにヘロヘロの状態です。これでは起きてからの黄金の2時間を、生産的に使うことができません。

普通のサラリーマンが、脳のゴールデンタイムを有効活用したければ、今よりも1～2時間の早起きが必要になります。

出社前に自分の時間を作り出し、その時間に本を読んだり、勉強したり、あるいは何かを執筆したり、書類をまとめたりするのです。そうすると、信じられないほどはかどります。ペースが落ちた頃に、通勤電車に乗るのです。

この朝の2時間は、普通はスマホも鳴りませんし、外も静かです。雑念が入りづらく、環境的にも集中しやすいものです。

あるいは、始業開始1時間前に会社に到着し、近くのカフェで朝活するのもいいでしょう。

私も学生の頃は、「超」がつくほどの遅刻の常習犯でした。

中学も高校も、ギリギリまで寝ていたものです。毎日始業のチャイムとともに猛ダッシュして、教室に駆け込んでいました。

当然、朝食を食べる暇もありません。午前中は頭がボーッとして、授業にも集中できませんし、居眠りも多かったものです。

社会人（医者）となると、さすがに「これではまずい」と思い、睡眠や午前中の時間の使い方について、専門的に勉強しました。

そうした科学的な「朝起き法」を実践することによって、朝寝坊を克服し、午前中に脳を最大効率化して使えるようになったのです。

朝寝坊の人は、たまたま朝寝坊なわけではありません。そうなる生活習慣をしているから、必然的に起きられないのです。自らの生活習慣を改善し、より自然でより健康な生活習慣を身につければ、朝寝坊は克服できます。

その鍵となる脳内物質が「セロトニン」です。

セロトニンが分泌されると、「今日も1日頑張るぞ」という気持ちになります。身体にも力がみなぎり、ハツラツとした気分となります。集中力も高まり、頭もスッキリとしていますから、すぐに仕事をスタートできる状態になるのです。

また、セロトニンの合成と分泌は、太陽の光を浴びるとスタートし、午後から夜にかけては低下します。そして「ノンレム睡眠時」(眼球運動がない睡眠状態。いわゆる「深い眠り」の状態)では、全く分泌されなくなります。

セロトニンは、「睡眠」と「覚醒」をコントロールする脳内物質なのです。

成功したければ、カーテンは開けて寝ろ！

私がまだ、朝寝坊を続けていた時代のこと。ある朝、珍しくスッキリと目が覚めて、清々しい寝起きを経験しました。

このとき、私を起こしてくれたのは「朝日」でした。たまたまカーテンを閉めずに寝てしまったらしく、窓から朝日が差し込んでいたのです。

窓から差し込む朝日。実に気持ちがいいものです。

私はいつもより2時間も早い時間帯に、自然に目覚めることができたのです。

それから私は、カーテンをしないで寝るようにしました。すると、嘘のように朝寝坊がなくなり、スッキリと目覚められるようになったのです。

自分が実行するようになって、周囲がどうしているのか注意を働かせるようになると、この習慣を実践している人が多いことに気づきました。

本田直之さんの著作『面倒くさがりやのあなたがうまくいく55の法則』（大和書房）にも、こうしたことが書いてありました。「本田さんも自分と同じく、カーテンを開ける派なのか」と思い、うれしくなったものです。

カーテンを開けて寝ると、朝、スッキリと目が覚める。

このとても役立つ習慣は、セロトニンによってもたらされています。

日が昇り、太陽からの光刺激が網膜から「縫線核」に伝達されると、セロトニンの合成がスタートします。そして、セロトニンからの「インパルス（神経内の情報伝達）」が脳全体に行き渡り、脳を「クールな覚醒状態」にします。

セロトニンはその働きから、「脳の指揮者」とも言われます。

指揮者がタクトを振ってオーケストラの演奏がスタートするように、光刺激をきっかけにセロトニンが活性化することで、脳全体が1日の活動をスタートできるのです。セロトニンによって、「快適な1日」が始まるのです。

逆にセロトニンが下がると、気分も憂鬱となります。「何もしたくない」「フトンから出たくない」「このままずっと寝ていたい」と感じるようなら、セロトニン神経が弱っている証拠です。この状態が長期化し、さらにセロトニンの分泌が悪化することで、「うつ病」になる危険も出てきます。

うつ病の患者さんに共通する特徴として、「朝起きるのがつらい」といったことをよく口にします。やる気もなく、元気もなく、活力もありません。

例えば、朝7時に目覚まし時計がセットされた状態を考えてみましょう。カーテンを閉めて寝ると、当然ながら室内は暗いです。そうすると、朝7時に目覚まし時計が鳴っても、脳はまだ寝ています。

セロトニンという物質は、脳に「起きなさい」と覚醒の指令を出します。セロトニンは朝日を浴びてから、つまりカーテンを開けたそのときから、合成がスタートされます。目覚まし時計で目覚めた時点では、セロトニンレベルは非常に低く、ほぼゼロと言ってもいいでしょう。

目覚ましで起こされて、「会社に行きたくない」「もっと寝ていたい」と思うのは脳科学的に当然です。肝心のセロトニンがゼロなのですから。

これがカーテンを開けたままだったら、朝6時になると外も明るくなります。放っておいても光が差し込みますから、目覚ましの鳴る朝7時には、すでにセロトニンが合成されはじめています。脳に「活動開始」の命令が出ていますから、清々しい気持ちで無理せず起きることができるのです。「今日も1日頑張るぞ」という気持ちも生まれてきます。

セロトニンの活性化の度合いを、睡眠中が0、昼間の活発な時間を100として考えてみた場合、目覚まし時計で強制的に起こされる人は、起床時はセロトニンが0の状態です。これがカーテンを開けて寝る人の場合、起床時ですでに10くらいにはなっています。0と10。この差は小さいようで、非常に大きいのです。

F1レースのスタートをイメージしてください。スタートのランプが点灯する前から、各車のエンジンは唸りを上げています。

スタートの信号が「青」に変わったところで、各車一斉にアクセルを踏み込んで、いきなりトップスピードまで加速します。エンジンがすでに温まっていて、準備万端の状態になっているから、すぐにスピードが上がるのです。

カーテンを閉めた部屋で寝て、目覚まし時計で起こされるのは、青になってからエンジンをスタートさせるのと同じです。なかなか加速できないのは当たり前です。それどころか、温まっていない状態で思いっきりアクセルを踏み込むことで、エンジンに多大な負担をかけてしまい、エンストをする危険もあります。

それよりはカーテンを開けておき、セロトニンのエンジンを温めておきましょう。

ただ目を開けているだけでも、頭はスッキリ

カーテンを開けて寝ていると、自然な起床が身についてきます。次第に目覚まし時計が鳴る前に、自然と目が開くようになります。

ただし、目が開いたからといって、急に起き上がらないでください。

私は目が開いてから5分くらい、そのままの状態で横になっています。セロトニン活性化のために、日光を取り入れるわけですね。

目を開けて横になったまま、「今日1日、何をしようか?」と考えます。さらには、今日が素晴らしい日になるようにイメージします。

そうすると頭はスッキリするとともに、「よし! 今日も1日頑張るぞ!」という気力があふれて、スッキリとした寝起きを実現できます。

5分ほど目を開けたままでいる。これがポイントです。

目覚まし時計が鳴ったあと、しばらく目をつぶったままフトンに入っている人は多いと思います。こうした人は「起きようか、どうしようか」と迷いながら、ようやく一念発起した途端、目を開くと同時に起き上がる感じですね。

頑張って起き上がったところで、直前まで目をつぶっていたのでは、日光を取り入れていません。セロトニンのスイッチ「縫線核」が充分に刺激されていないのです。

それでは「カーテンを開けて寝る」本当の効果は得られないのです。5分間目を開けていることで、セロトニン生成が始まります。

こうした話をメルマガに書きますと、反論や質問が来ます。

確かに1階のアパートに住んでいる女性の場合などは、カーテンを開けて寝るのは、防犯上の問題もあるかもしれません。

その場合は、朝日が少し入るような薄手のカーテンにしてください。少量であっても、光が入ってくる状態にするのです。朝起きたらすぐにカーテンを開けて、目を開けたまま5分間過ごす。こうして対応したらいいでしょう。

中にはカーテンではなく、部屋の電気を点けることで対応する人もいますが、これはあまりオススメできません。

セロトニンの合成は、「照度2500ルクス以上の光」を「5分以上浴びる」ことでスタートします。

2500ルクスというのは、だいたい日の出直後の太陽光の照度です（日中の屋外は10000ルクス程度、夕方の薄暗い時間帯が1000ルクス程度）。

これが家庭の蛍光灯だと、100〜200ルクスまで低下します。かなり明るめの蛍光灯でも、500ルクスほどしかないのです。

何本も蛍光灯が並んでいて、まぶしく感じるくらいのコンビニの店内でも、せいぜい800〜1800ルクスですからね。普通の家庭用の照明で、セロトニンの合成がスタートする2500ルクスの明るさを出すのは、かなり難しいことなのです。

やはり太陽の自然な光、朝日を浴びるというのが大切です。カーテンを開けていれば、自然にそういった状態になるはずです。

もし寝室の窓が西向きで朝日がほとんど入らない場合や、日当たりの悪いアパートに住んでいる場合は、起床後に朝散歩するといいでしょう。5分以上太陽光を浴びれば、出社までには脳が温まっています。

セロトニンを活性化する方法はたったの3つ

とはいえ、カーテンを開けて寝ても、頭がスッキリしない人もいます。

これは当たり前のことです。「日光を浴びる」というのは、セロトニンの合成をスタートするためのきっかけに過ぎません。カーテンを開けて寝るだけで、セロトニンがとめどなく分泌されるわけではないのですから。

目が覚めてからの行動次第で、セロトニンの分泌は変わってきます。

セロトニンの分泌が活性化してくると、意欲がみなぎり、行動も活発になります。仕事がバリバリこなせるエネルギーがもらえるのです。

そうしてエンジンがかかった状態で、初めて脳のゴールデンタイムを活かせます。

逆にセロトニンが極度に低下した状態がうつ病ですから、セロトニンを活性化する生活習慣を意識していれば、うつ病の予防にもなるわけです。

セロトニンを活性化する方法には、3つの方法があります。最初の「日光を浴びる」については、すでにお話ししたとおりです。

① 日光を浴びる
② リズム運動
③ 咀嚼

2番目の「リズム運動」とは、「1、2、1、2」のかけ声に合わせてできるリズミカルな運動のことです。

より具体的には、ウォーキング、ジョギング、自転車こぎ、階段上り、スクワット、首回し運動、水泳、ゴルフのスイング練習、深呼吸などですね。

また、リズム運動とは言いますが、別に手足を動かさなくてもいいのです。リズムに乗っていれば、音読や読経やカラオケでもセロトニンは活性化します。

特にオススメなのが、「朝散歩」です。起床後1時間以内に、5~15分程度、朝日を浴びながらやや早足で外を散歩する。これだけで、「朝日を浴びる」+「リズム運動」で一石二鳥のセロトニン活性効果があります。

また、リズム運動は最低5分以上必要ですが、あまり長く続けると、神経が疲れて逆効果とも言われます。30分以上続けることはありません。

3番目の「咀嚼」は、よく噛んでご飯を食べることです。咀嚼は顎の筋肉がリズミックに収縮、弛緩をくり返しますから、リズム運動の一種とも言えます。20回以上噛みながら、朝食を食べればそれで充分です。

噛むリズムに合わせて「あ・り・が・と・う・ご・ざ・い・ま・す」と2回唱えると、ちょうど20回になります。

よく噛んで朝食をとる。これが簡単そうで、意外と簡単ではありません。

まず、朝食をとらないという人も多いでしょう。あるいは忙しさにかまけて、シリアルや栄養ドリンクを胃に詰め込んで終わり、という人もいます。そういう食べ方では当然ながら、ゆっくりと噛んで食べていないはずです。

多くの場合、寝起きが悪い人は、時間的にも朝食を食べる暇がありません。「日光を浴びない」上に、「咀嚼もしていない」ことになります。目覚めが悪いということは、ダブルでセロトニンを活性化しない生活習慣を抱えているのです。

時間がないという人は、バナナを半分食べるだけでもいいのです。

どうしても朝食を食べられないときは、ガムを噛んでもいいでしょう。

メジャーリーグの選手たちは、試合中にもガムを噛んでいます。これはリラックス効果を期待しているからだそうです。実際、セロトニンは気分をほぐします。そのセロトニンの分泌に、ガムの咀嚼は効果があるわけです。

セロトニンの生成は主に午前中、特に朝に活発に行われます。

ですから、ここでご紹介したセロトニン活性法も午前中、特に朝にやることです。それにより、最大の効果を発揮できます。

同じ活性法を夜にやっても、そこまで効果がないと思ってください。

朝、セロトニンを活性化するかしないかは、あなたが午前中にこなせる仕事、さらには1日でこなせる仕事に、明らかに影響を与えます。

気分転換を実現する「7つの仕事術」

ビジネスシーンにセロトニンがもたらす「癒し」

セロトニンを活性化する方法からスタートしてしまいましたが、そもそもセロトニンとは、どのような脳内物質なのでしょうか?

これまでにお話しした「ドーパミン」や「ノルアドレナリン」などは、「興奮系脳内物質」と呼ばれます。それに対してセロトニンは、それらの過剰な分泌を抑え、脳内物質のバランスをとる「調節物質」です。

セロトニンが活性化された状態では、心は落ち着き「平常心」となります。いわばセロトニンは「癒しの物質」なのです。

セロトニン神経系は、延髄の縫線核から大脳皮質、情動の中枢とも言える大脳辺縁系、生命維持に関わる視床下部、脳幹、小脳、脊髄など、脳のほとんどの領域に投射しています。

セロトニンは必須アミノ酸の「トリプトファン」から生成されます。日中、特に午前中に活発に生成されます、逆に睡眠中（とくに深い眠りに落ちているノンレム睡眠の間）は、ほとんど分泌されなくなります。

セロトニンが活動を開始すると、セロトニン神経からのインパルスが発生し、「クールな覚醒」を維持します。すっきりとした「寝起き」を実現するのも、穏やかな時間を過ごせるのも、セロトニンの役割です。

のんびりとリラックスしたときに、「癒された！」と感じることがあるでしょう。こうした心が安定し「幸せ」を感じられる瞬間が、セロトニンのバランスがよい状態です。

幸せといえばドーパミンを思い出しますが、ドーパミンの幸福感が「やった！」という達成感のような強烈なものだったのに対し、セロトニンの幸福感は「安らぎ」や「くつろぎ」といった感情を基盤にした穏やかなものです。私たちが幸せを感じ、癒されるためには、セロトニンをしっかり活動させることが不可欠です。

セロトニンの主な機能

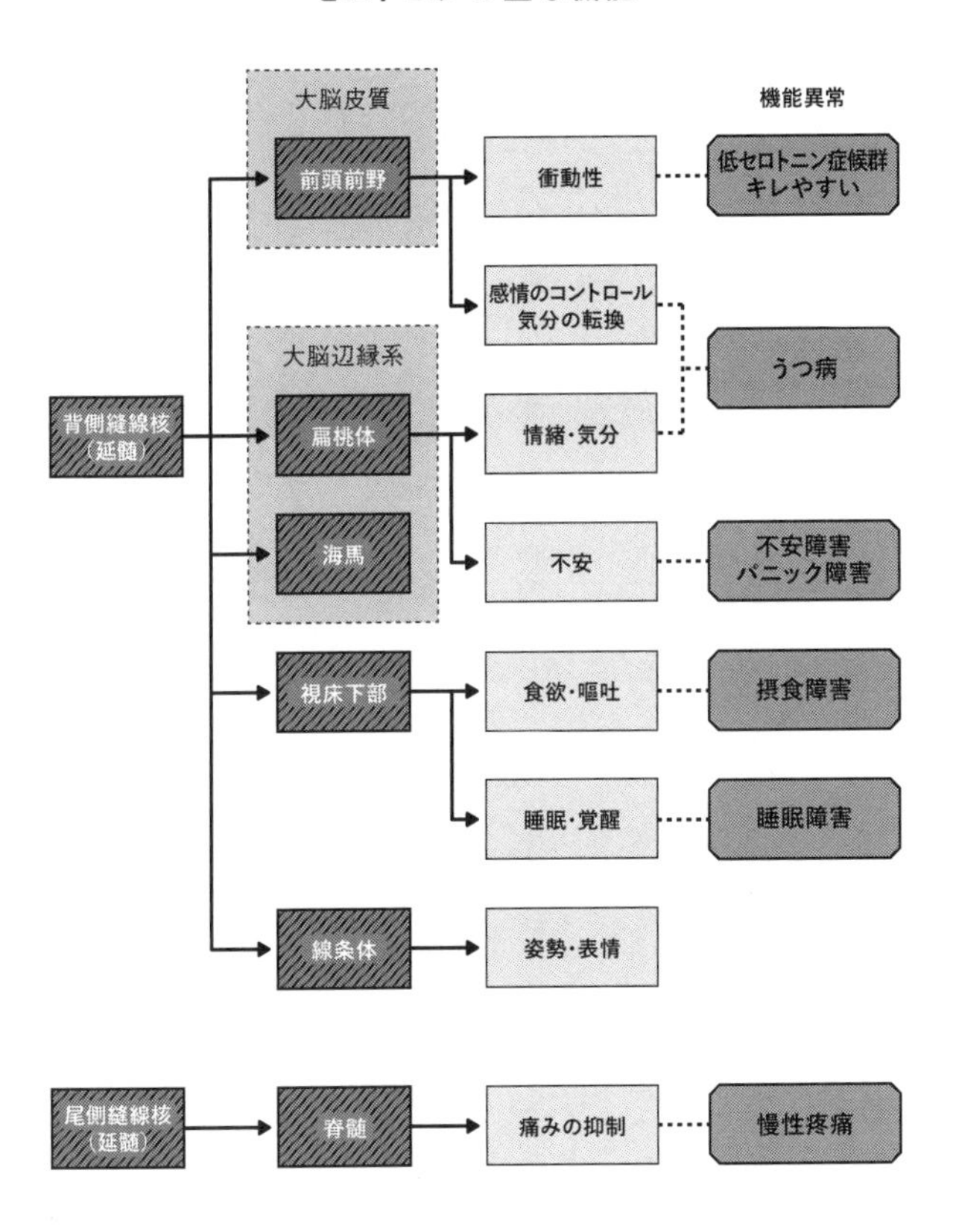

注)わかりやすく説明するために実際の神経系や脳機能を単純化しています。

このセロトニンを仕事で応用するなら、最適なのが「気分転換」です。

セロトニンが低下した状態は、「イライラする」「むしゃくしゃする」「なんとなく落ち着かない」「どうしよう、どうしようと不安になる」といった状態です。

長時間机に向かって仕事をしていると、仕事の能率が下がり、イライラしてきます。いわゆる「煮詰まった状態」になってきます。こういう状態では、セロトニンが低下している可能性が高いのです。

逆にセロトニンが活性化した状態というのは、心が安定した状態です。セロトニンが高いと、集中力も高まり、仕事のパフォーマンスも上がります。セロトニン活性化によって「煮詰まった状態」から脱出し、その後の仕事効率を大きく高めるのが、「セロトニン気分転換仕事術」です。

気持ちや気分の切り替えは「前頭前野」という部分が関係しています。それを円滑に働かせるのがセロトニン神経です。

これからご紹介するのは、私が実際に行っている方法で、どれも気分転換効果が非常に高い方法です。

気分転換仕事術〈1〉「外食ランチ」で午後のセロトニンをチャージ

午前中は脳のゴールデンタイムを活用して、集中してバリバリと仕事をこなします。さすがに昼を過ぎると、空腹にもなりますし、仕事の能率も落ちてきます。そこでどうするかといえば、ランチのために外出します。

私は午前中、執筆活動をしていることが多いので、家で昼食を食べることもできますが、あえて外のお店でランチを食べるようにしています。「外食ランチ」によって、午後のセロトニンが完全にチャージされるからです。

ランチを食べるお店は、5分以上歩くような距離がいいです。太陽の光を浴びながら、5分以上のウォーキング。これでセロトニンが活性化します。さらによく噛んでゆっくり食べるように意識すると、「咀嚼」の活性化効果も加わります。

つまり、「外食ランチ」によって「日光を浴びる」「リズム運動」「咀嚼」というセロトニンを活性化する3つの方法が、全て実行できるのです。

実際に、外食ランチによって大きな気分転換効果が得られますし、1時間に満たない間に素晴らしい「ひらめき」を得ることもできます。いつでもひらめきを書き留められるように、私の愛用のノートは、外食ランチ中も手放せません。

お店に入ってランチを注文してから、ご飯が運ばれてくるまでの5分ほどの「すきま時間」も重要です。ここでノートに、午前中の仕事の問題点や修正点を書いたり、午後のＴｏＤｏリスト（やるべきリスト）を書いたりします。

作業机から離れることで、逆に仕事を俯瞰で見られるようになるのです。

外食ランチから戻ると、セロトニンもチャージされ、仕事の客観視によって正しく軌道修正された状態で、午後の仕事をスタートできます。

気分転換仕事術〈2〉歩きながら考える

明日までに企画書を完成させないといけない。

明日までに会議に提出するアイデアを出さなければいけない。

そういう状況では焦れば焦るほど、よいアイデアは生まれずに、行き詰まり感は高まっていきます。そんなとき、私なら「散歩」に出かけます。

「ただでさえ時間がないときに、散歩はありえない」

そう思われるかもしれませんが、忙しいからこそあえて散歩するのです。セロトニンを活性化させて気分転換をするためです。

机に向かって何時間も苦闘しても全くアイデアが出ないのに、歩きながら考えると、素晴らしいアイデアがポンと出てくることが結構あります。これは、脳が「緊張」から「弛緩」「リラックス」に変化したために、アイデアが出やすくなったのです。

そのために、あえて机に向かった緊張状態を解除し、散歩によってセロトニンの力を借りることで、意識的に弛緩させます。そうすると、行き詰まり状態から簡単に脱出することができて、思わぬアイデアがひらめくのです。

ひらめきを得るテクニックについては、第6章の「アセチルコリン仕事術」でさらに詳しく述べます。

気分転換仕事術〈3〉深呼吸

いくら散歩が気分転換によいと言っても、普通のサラリーマンであれば、上司の目が光っているかもしれません。「もっと簡単にできる気分転換法はないのか」と思った方にオススメなのが、「深呼吸」です。

深呼吸であれば、場所と時間を選ばずに、どこでもできます。深呼吸によってセロトニンは活性化しますし、脳に充分な酸素を送り込む効果もあります。「深呼吸で気分は落ち着く」という自己暗示効果もあるでしょう。

深呼吸はいろいろな場面で使えます。例えば、大勢の人の前で話をしないといけないときなどは、とりあえず深呼吸をしましょう。朝、気分がすぐれずに仕事に行きたくないときも、深呼吸で気分が変わってくることがあります。

セロトニンを活性化させる深呼吸法として、有田秀穂先生が提唱する「腹筋呼吸法」を紹介しましょう。

①まず下腹に手を当てます

②そして、下腹に意識を集中します

③息をフッフッフーと吐ききります。吐くのは口、鼻どちらでも構いません

④最後に、腹筋をゆるめてスッと鼻から息を吸います

これをリズムよくくり返します。立って行う場合は、足を少し開いて、身体の中心線を真っ直ぐにします。座って行う場合は、深めにイスに腰かけます。また、寝た姿勢で行うことも可能です。

1分でもしっかりと集中して行えば、充分な気分転換効果を実感できます。困ったときの深呼吸は、「気分転換」「緊張緩和」「朝のスッキリ目覚め」など、さまざまな場面に速効するすぐれ技です。

気分転換仕事術〈4〉音読する

音読は脳を活性化します。声を出して本や文字を読み上げる。それだけで、脳は活性化します。また、音読は前頭前野の血流を増やし、認知症の予防に効果がある、という研究もあります。

セロトニン神経にも有効です。「アイウエオ、アイウエオ」と、意味のない文字列をくり返し発声するだけで、セロトニン神経は活性化されます。深呼吸と同じで吐く息に注意して、リズミックに発声することです。

発声でセロトニンを活性化する場合は、「単純な言葉」「意味のない言葉」のほうが効果があります。意味のある言葉だとどうしても、その意味を考えてしまったり、リズムを乱したりする可能性があるからです。

また、お経を読むということも、セロトニンを非常に活性化すると言います。

私も文章を書いていると、行き詰まって筆が進まなくなることがあります。その場合、できあがったところまで、文章を読み上げるのです。腹筋を意識して、比較的大きな声で読み上げます。

目と指先しか使っていなかった「書く」という作業から、全身で声を出して「読む」という作業に変わります。これは全身を使った軽い運動とも言えるため、気分転換が可能となるのです。私がやっている「音読気分転換法」です。

また、書いたものを声を出して読むと、自分が書いた文章でありながら、人が書いた文章のように聞こえてきます。客観的な判断ができるのです。「どう見ても、この表現はおかしいな」といったことに容易に気づけます。原稿の音読は、脳を刺激し、気分転換し、さらなる執筆意欲をかき立ててくれる素晴らしい方法です。

サラリーマンの場合、デスクで声を出すのは迷惑ですから、空いている会議室で原稿や書類の音読をするのもいいでしょう。それすらはばかられるのなら、同僚に「今から原稿を読むので、ちょっと聞いてくれる?」ということで、「聞き手」を用意して音読してください。

気分転換仕事術〈5〉簡単な運動

机に座ったままで、セロトニンを活性化して、気分転換に役立てる、そのためにオススメの方法は「首回し運動」です。

頭は非常に重たいので、頭を支えるために首の周りにはたくさんの筋肉がついています。首を回すだけでも、大量の電気信号が脳に伝わり、「リズム運動」の効果によってセロトニンを活性化できます。心の中で「1、2、1、2」とかけ声をかけながら、リズミックに行うのが良いでしょう。

職場で簡単にできるリズム運動としては、「階段を上る」もいいですね。普段はエレベーターを使っているところを、1階か2階分でいいので、階段を上ってみましょう。ダッシュのように息を止めて一気に駆け上がるのではなく、「1、2、1、2」というリズムに合わせて、同じペースで上るといいでしょう。

なお「疲れ」を感じるほどの運動は、セロトニン活性化のリズム運動としては不適当なので、1階から10階まで階段で上るとかいう無茶はしないでください（笑）。

気分転換仕事術〈6〉気分転換を組み合わせる

リズム運動を5分以上続けるとセロトニンは活性化します。しかしながら、「深呼吸だけ5分続ける」「首回しだけを5分続ける」というのはかなり大変です。

そこで、複数のリズム運動を組み合わせてみましょう。首回し運動をして、そのあとに深呼吸をして、最後にまた首回し運動をする、といった感じです。

無理なくセロトニンを活性化し、効果的に気分転換ができるはずです。

気分転換仕事術〈7〉セロトニン活性化を習慣にする

ここまでご紹介してきた「気分転換仕事術」は、1回だけでも多少の効果は出ますが、継続することでさらに効果は大きくなります。要するに、セロトニン神経を毎日鍛えることでセロトニンを活性化しやすくするのです。

私の場合、朝散歩と外食ランチはほぼ毎日、そして何年も続けています。コンビニやスーパーにお弁当を買いに行くだけのこともありますが、お昼の時間帯に15分以上歩くことは、ほとんど毎日やっています。

単に1回きりのセロトニン活性化ではなく、それを生活習慣にすることで、セロトニン神経が鍛えられます。「よりセロトニンが出やすい状態になる」と言ってもいいでしょう。セロトニンが分泌され、ドーパミンやノルアドレナリンのバランスもよくなり、バリバリと仕事を頑張りながら、「心の安定」も得られるのです。

セロトニン神経を鍛えて、「共感力」を磨け！

「感動の涙」がセロトニンを活性化

「日光を浴びる」「リズム運動」「咀嚼」など、セロトニン神経を活性化する方法は、もう充分に理解していただけたと思います。これからは、それとは全く違ったセロトニン神経の鍛え方をご紹介します。

それは「映画を見て、感動の涙を流す」ということです。意外に思った人も多いでしょうが、「共感」とセロトニンは、非常に重要な関係があります。

ギリシャの哲学者アリストテレスは、著書『詩学』の中で、悲劇を見ることで「心の中に溜まっていた澱のような感情が解放され、気持ちが浄化される」効果があることを指摘しています。その感情の浄化を「カタルシス」と呼びました。

悲劇を見て、感動して、涙を流す。この結果、非常にスッキリとした気持ちになることは、映画やドラマなどで、私たちもしばしば経験するはずです。

『脳からストレスを消す技術』（サンマーク出版）などの著書を持つ有田秀穂先生は、感動的な映画を見て涙を流すとき、前頭前野の血流がよくなり、セロトニン神経が活性化することを明らかにしました。

泣く直前の「交感神経優位」の状態から、実際に涙を流して「副交感神経優位」の状態に切りかわる。つまり、神経的なリラックスと癒しが得られるのです。

有田先生は前頭前野を中心に、セロトニンと深く関わり共感を生み出す脳の役割を「共感脳」と呼んでいます。この共感脳を鍛えることが、セロトニン神経を鍛えることにもつながるのです。その結果、人の気持ちを察する能力が養われ、コミュニケーションも円滑になる。やがては本当の「癒し」が実現するでしょう。

あなたも共感力を磨いてください。ミュージカルや演劇、テレビドラマやアニメ、小説でもいいでしょう。なかでも2時間前後のまとまった時間で、登場人物の心理をしっかりと描き込み、感情移入も感動もしやすい「映画」は、共感力トレーニングの方法としてオススメです。

実は私は年間100本以上の映画を毎年見続けている映画ファンであり、映画雑誌『FLIX』（ビジネス社）に連載を持つ映画評論家です。映画やアニメを心理学的に分析した『父滅の刃　消えた父親はどこへ』（みらいパブリッシング）も出版しています。

そうした経験からも、映画が共感力を磨く道具として最適であり、心を「癒す」効果を持っていることを、本当に実感します。

楽しみながら、自分を高める映画の見方

ただ漫然と映画を見ても、共感力は一向に磨かれないと思います。私の個人的な映画体験を加味して、「共感力を磨く映画の見方」を提案したいと思います。

① 人物に感情移入する

映画を見て「私なら、そんな行動はしない」「私なら、登場人物とは違う行動をす

る」と感想を口にする人がいますが、これは共感とは無縁の見方です。映画をつまらなくする上に、共感力を磨く効果が得られません。

例えば、007シリーズの主人公は、ジェームズ・ボンドであり、あなたではありません。「私なら、そんなことはしない」ではなく、「ジェームズ・ボンドは、なぜそんな行動をとったのか?」と考えることで、主人公の心理が理解できるようになり、共感力が磨かれます。相手の気持ちになって考えてみるのです。

あまりに客観的に見てしまうと、映画はつまらなくなります。それよりも登場人物、特に主人公に感情移入して見たいものです。共感がなければ、感情移入はできません。「感情移入できた=共感できた」ということです。

結果として感情移入ができたかどうかではなく、主人公の気持ちに自分の気持ちを近づける。チューニングするように見ていきましょう。そうした見方をしていると、知らず知らずのうちに、感情移入ができるようになります。

② 感情を表現しながら映画を見る

映画を見終わったあと、「やばい、泣きそうになった。けど、我慢した」「あぶなく、もう少しで泣くところだった」なんて感想をもらす人がいます。なぜ、せっかく泣きそうになったのを、わざわざ我慢する必要があるのでしょうか？

「感情を表すことはいけない」「感情を出さないのが美徳」という日本人独特の価値観によるのかもしれませんが、映画を見たときくらい、笑いたいときは笑い、泣きたいときは泣きましょう。感情を表現しながら、映画を楽しむべきです。

涙を流すとストレス発散になる反面、涙を我慢すると余計にストレスがたまるのです。涙が出そうになる状態では神経が高まり、アドレナリンも分泌し、交感神経優位な状態となっています。これが涙を出すことで、リラックス状態である副交感神経優位に切り替わります。

もし出そうになった涙を流さないままだと、交感神経優位のまま、つまりストレスがかかった状態のままで、映画が終わってしまいます。結果として、ストレス発散のために見ようと思った映画によって、余計にストレスがたまってしまうという、おかしな現象が起こってしまうのです。

映画で涙が出そうになったときは、思いっきり泣いてください。

それによって「癒し」効果が得られるだけではなく、共感力が磨かれ、セロトニン神経も鍛えられるのですから。

③ 人と一緒に映画を見る

映画は人と一緒に見たほうがおもしろいものです。

夫婦、親子、恋人、友人。誰とでもいいのです。共感というのは、感情を共有するということでもありますから、「悲しい」「楽しい」といった感情を、一緒に映画を見た人と共有するところに意味があるのです。

そして、映画を見終わったあと、その映画について語ってください。同じセリフなのに全く解釈が違ったり、同じラストシーンなのに全く違う理解をしていることもあるでしょう。「他の人がどう感じているのか?」「他の人がどう考えたのか?」を、自分の感情や思考と照合し、それを埋める過程で共感力が育ちます。

映画を楽しみながら、セロトニン神経を鍛える訓練をして、共感力を身につける。人に共感できるようになれば、今まで以上に人の気持ちを理解できるようになります。

人の気持ちを理解できる人は、人からも理解され、ポジティブな評価を受けやすい。それは、当然、あなたの仕事、ビジネスにおいても圧倒的に有利なことです。

毎日の生活習慣で「共感力」を大幅アップ！

バナナ1本で、頭も心もおだやかに……

先ほども触れましたが、セロトニンは必須アミノ酸のトリプトファンから作られます。

必須アミノ酸は体内で作ることができませんから、食事から摂取しないといけません。つまり、セロトニンを作るためには、トリプトファンの摂取が不可欠であり、これが欠乏するとセロトニンは作れません。

トリプトファンは、肉、大豆、米、乳製品などに含まれます。通常の食事をバランスよくしていれば、トリプトファンが欠乏することはまずないでしょう。

ただ、厳しいダイエットをしている人や、極端な偏食の人などは、トリプトファン不足にならないとは言えません。「キレやすい子供と偏食が関係している」と、トリプトファン不足による低セロトニンの問題を指摘する研究者もいます。

また、セロトニンの合成には、「ビタミンB6」も必要です。これを含んだ食材も、あわせてとることが望ましいと言えます。ビタミンB6は、牛や豚、鶏のレバー、魚の赤身、ピスタチオ、ごま、ピーナッツなどの種実類、バナナ、にんにくなどに多く含まれます。

トリプトファンは、単独で摂取しても、脳に取り込まれません。トリプトファンを、糖質と一緒に摂取することで、効率的に脳に取り込まれるのです。

つまり、トリプトファン、ビタミンB6、糖質の3つが含まれる食材が、セロトニンの生成を助けることになります。

そのスーパー食材が、バナナです。バナナには、トリプトファン、ビタミンB6、糖質の全てが含まれます。

朝食を食べる暇がない。あるいは、食欲がなくて朝食が食べられないという人も、朝にバナナ1本を食べるだけで、最低限のトリプトファンを補給できるのです。

インターネットの健康サイトを見ると、「トリプトファンを摂取するとうつ病が予防できる」「トリプトファンを摂取するとうつ病が治りやすい」といったことが書かれています。ですが、私の調べたところ大規模な調査や研究で、トリプトファン摂取でうつ病が予防されたり、治療に役立ったという報告はほとんどありません。

あくまでも、トリプトファンは「不足しない」ということが重要であり、必要量以上に摂取しても、セロトニンをたくさん生成することはありません。

「朝食」をとればフルスロットルで働ける

午前中に頭がボーッとする。起きてからしばらく、何もする気がしない。という人は、たくさんいると思います。

その理由は主に2つあります。「セロトニンが活性化していない」か「低血糖」かのどちらかです。両方が影響している場合もあるでしょう。

セロトニンを活性化する方法については、すでに述べたとおりですので、ここでは「低血糖」についてお話ししたいと思います。

血糖値というのは、食事によって上昇します。寝ている間は6時間以上何も食べていませんから、朝というのは1日で、血糖値が一番低い数値となります。

さらに朝食まで抜いてしまうと、血糖が低いまま午前中を過ごすことになります。脳は「ブドウ糖」を栄養としますので、低血糖の状態では、脳は高いパフォーマンスを発揮することができません。朝食を抜いて仕事をスタートしても、頭がボーッとした状態になるのは当たり前です。

また、低血糖のままでいると、蓄積されていた「グリコーゲン」が分解され、ブドウ糖が作られます。このとき、怒りと関係性のある「アドレナリン」が分泌されますので、イライラ感が出てきます。空腹を我慢していると、イライラしたり怒りっぽくなったりするのは、人体のメカニズムとしては当たり前だったのです。

本来であれば、午前中の2~3時間は集中力が高く、脳のゴールデンタイムとして、脳は最も活き活きとした時間帯であるはずです。朝食をとらずに空腹を我慢していることで、このせっかくの時間帯に、脳はガス欠状態となります。さらにイライラ感まで出て、集中力も低い最悪のパフォーマンスの状態で過ごすことになります。

昔の私もそうだったのですが、「午前中に頭がボーッとする」という人は、朝食を抜いているせいなのかもしれません。

前述のように、よく嚙んで朝食をとることで、セロトニンも活性化します。朝食は「脳のエネルギー源（ブドウ糖）の補給」と「セロトニンの活性化」という、脳に対する一石二鳥の働きをするのです。

午前中からフルスロットルでバリバリ働きたい。脳のゴールデンタイムを生かした質の高い仕事をしたい。そうした人には、朝食は不可欠です。

「朝に弱い」から「朝に強い」へのシフト

２０１９年４月に文部科学省が実施した全国学力・学習状況調査（全国学力テスト）でも、興味深い結果が出ています。この調査では小学6年生、中学3年生を対象に、全国一斉に学力テストを行うのですが、生活習慣についての調査も同時に行い、生活習慣と学力テストの成績についての関連について考察しています。

それによると、「朝食を毎日食べていますか?」の質問に対し、「食べている」と答えた子供の学力テスト（数学）の平均正答率62・5ポイントに対して、「全く食べていない」子供の正答率は44・9ポイントで、17・6ポイントも低い結果となっています。

国語では14・2ポイント、英語では12・3ポイントの低下。朝食を食べない子供は、成績が悪いのです。

子供の場合は「学力テスト」という形で数値化されたので、わかりやすい結果が得られました。もちろん大人の場合も、朝食をとらないことによる仕事効率の低下は、目に見えない形で現れているはずです。

そういう人に限って、「私は朝が弱い」「私は夜型」と言い訳をします。実際には体質の問題ではなく、「朝に強い生活習慣をしている人」が「朝に強い」だけなのです。

朝食をとることで少なくとも、「咀嚼によるセロトニン活性化」「脳にとって必須のエネルギー源であるブドウ糖の補給」「体温を高めることで脳と身体を覚醒」の3つの効果が得られます。

午前中と午後では、午前中のほうが学習や記憶の効率が高くなります。午前中に脳が活性化しているという研究結果もたくさんあります。午前中に脳と身体をフル活動させないことによる損失は、人生全体を考えたら、約10万時間に達します。午前中の生産効率の高さまで考慮すると、あなたの損失は計り知れません。

根っからの夜型人間だと思い込んでいた私が、30代半ばでようやく朝型に切り替えられたのは、今考えると本当にラッキーだったと思います。

朝型への切り替えのためには、しっかりとした睡眠なしでは考えられません。第5章で紹介する「メラトニン仕事術」もあわせて実行することで、あなたの午前中の時間の使い方が、根本から変わるはずです。

寝起きが悪いときは「朝シャワー」を実践！

セロトニンを活性化する方法をちゃんと実践している。朝食も食べている。でも、まだ午前中がスッキリしない……。そんな方もいるでしょう。

その場合は「朝シャワー」をオススメします。

朝起きてからシャワーを浴びると、頭と身体がシャキッとします。寝ぼけた頭はふっ飛び、完全に覚醒した状態になれます。実際に毎日シャワーを浴びる習慣のある人は、こうした覚醒効果をご存じでしょう。

朝シャワーで目が覚めて、身体もシャキッとするのは、体温が上昇するからです。自律神経のうち、昼の神経（＝活動の神経）である交感神経が優位になると、全身の各臓器は活発化し体温も上がります。夜の神経（＝休息の神経）である副交感神経が優位になると、全身の各臓器の活動は低下し、体温は下がります。

朝、目が覚めたからといって、副交感神経優位から交感神経優位へと、一瞬で切り替わるわけではありません。体温がまだ上がっていない。頭は起きているのに、身体は寝ているような状態もありえます。

セロトニンは、副交感神経優位から交感神経優位への切り替えを助ける作用もあります。このため、セロトニン活性が低い人は、こうした活動モードである交感神経への切り替えがうまくできないため、朝調子が悪いということが起きてきます。

そこで朝シャワーを浴びると、必然的に体温が上がります。体温上昇が、副交感神経から交感神経への切り替えを手伝ってくれるのです。就眠中の低体温から、日中の活動モードである高体温にスムーズに移行できますから、頭も身体もシャキッとして、

「今日も頑張るぞ」と臨戦モードに入ることができます。

先ほど、寝起きをよくするために「朝食」は不可欠ということを言いましたが、朝食をとることには体温を上昇させる効果もあります。摂取した栄養を燃焼するからです。きちんと朝食をとることでも、体温が上昇して臨戦モードになるのです。

小中学生を対象にしたある調査によると、「朝食を食べる子供」と「朝食抜きの子供」の体温を測定すると、後者は前者と比べて午前中で0・4〜0・6度、午後になっても0・7〜0・8度も、体温が低いという報告があります。

こうした体温の低い子供は、「通学の意欲が低い（遅刻や不登校が多い）」「学習の意欲が低い」「成績が悪い」という傾向もあるのです。

昼は体温が高く、夜は体温が低い。人間はこれをくり返すのですが、朝食をとらないと、午前中もしばらく体温が低い状態が続くのです。

セロトニン不足が引き起こす恐ろしい症状

セロトニンの異常と「こころの病」の関係

これまでセロトニンの効用を説明してきましたが、逆にセロトニンが低下することで、心身のバランスが崩れる危険があります。

人間はストレスに直面すると、セロトニンが低下します。ストレス状態とは、闘うか逃げるかの緊急事態ですから、のんびりと「癒しモード」ではいられません。癒しの物質であるセロトニンが、抑制されるのです。

長期にストレスにさらされると、セロトニン活性が低い状態のまま固定化してしまいます。これが「うつ病」の状態です。

また、セロトニンは「不安」をやわらげる作用があります。そのセロトニンが低下すると、不安が強く表れるのです。これが極端にひどくなると、強い不安感を症状とする「不安障害」や「パニック障害」などになります。

視床下部に投射したセロトニンは「食欲」にも関わります。これが障害されると食欲のコントロールができない「摂食障害」となり、過食などの症状を呈します。また、視床下部は「睡眠と覚醒」に関わっているため、セロトニンが低下すると寝起きが悪くなり、それが「睡眠障害」の原因にもなります。

このようにセロトニンの低下は、きわめて恐ろしい状態を引き起こします。

セロトニンの活性が悪い人は、見ただけでわかります。まず表情に覇気がない。そして、身体全体に元気がないのです。セロトニンは表情や姿勢に影響を与えますから、活性が悪いと大脳基底核の主要な構成要素の１つである「線条体」を通して、表情筋や抗重力筋を弛緩させてしまうのです。

セロトニンは衝動性のコントロールとも関係しています。セロトニンが低下すると、いわゆる「キレやすい」状態となります。衝動がコントロールされないと、我慢ができなくなり、ときに暴力的になることもあります。こうした状態は「低セロトニン症候群」と呼ばれます。

セロトニンは痛みの抑制にも関係しているため、充分に活性化していると痛みを感じづらい反面、活性化していないと痛みの感受性が高まります。「慢性疼痛」の原因にもなるのです。抗うつ薬の投与が、慢性的な痛みに著効する場合もあります。

このようにセロトニンが低下すると、数多くの疾患の原因となります。それだけセロトニンは、精神機能の重要な部分を担っているのです。

お手軽にセロトニンが増やせる魔法の薬？

セロトニンを分泌させるメリットを話すと、「だったら、薬で増やせばいいんじゃないの？」と、短絡的に考える人が必ずいます。

うつ病の治療薬として、「ＳＳＲＩ」（選択的セロトニン再取り込み阻害薬、Selective Serotonin Reuptake Inhibitors）というのがあります。

うつ病の治療効果が高く副作用も少ないということで、最近ではうつ病の治療には欠かせない薬になっています。不安障害やパニック障害の治療でも使われます。

このＳＳＲＩを一言で言うならば、脳内のセロトニン活性を高める薬です。ただし、セロトニンをたくさん生成、分泌させるわけではありません。ＳＳＲＩは、シナプス間隙に放出された「セロトニンの再取り込み」を阻害するだけです。

シナプス間隙に放出されたセロトニンは、前シナプス膜から取り込まれてリサイクルされます。そのセロトニンの取り込み口にＳＳＲＩがフタをして、セロトニンを取り込みづらくするため、シナプス間隙のセロトニン濃度が高まるのです。

何日か旅行に出かけていて帰宅すると、郵便箱には郵便物がたまっています。これは郵便物を取り出さないからたまっただけで、届く量が増えたわけではありません。ＳＳＲＩの仕組みも同じです。シナプス間隙（郵便箱）からセロトニン（郵便物）を取り出さないので、結果的にたくさんたまるのです。

このため、うつ病や不安障害でもない人がＳＳＲＩを服用しても、セロトニンの癒し効果が得られることはありません。シナプス間隙のセロトニン濃度は、充分にあるわけですから、通常、目立った効果は得られません。

むしろ、ＳＳＲＩがシナプス間隙のセロトニン濃度を増やそうとするのを、脳は「たくさんのセロトニンが出ている」と勘違いします。

結果、セロトニンの生成が減ったり、セロトニン受容体の感受性や数が変化したりと、脳に著しく悪影響を及ぼす危険すらあります。

ＳＳＲＩは非常に副作用が少なく、使いやすい薬なのですが、一般の人に対するイメージはあまりよくありません。「ＳＳＲＩを飲んで自殺した」「ＳＳＲＩを飲んで犯罪を起こした」といった報道があったためです。

アメリカではじめてＳＳＲＩが発売されたとき、「人間の感情をコントロールする夢の薬が登場した」と、たいへんもてはやされました。それによって、正常な人もＳＳＲＩを飲めばハッピーになれると言われたのです。

こうして「ハッピー・ドラッグ」として、うつ病でもないのにＳＳＲＩをドラッグ感覚で飲み始める人がたくさん出現しました。アメリカでも日本と同様に、処方箋がないとＳＳＲＩは購入できませんが、ＳＳＲＩを販売する違法サイトがあり、通信販売で簡単に買うことができるのです。

数十年前から使われている昔ながらの抗うつ薬「3環系抗うつ薬」とSSRIを比較したいくつかの研究では、SSRIによって引き起こされる自殺率は、3環系抗うつ薬と同程度という結果になっています。

うつ病や不安障害の患者さんにSSRIを投与して「イライラが強まる」ということは、私も実際の患者さんで経験したことがあります。これはSSRIの投与を減量、中止すればすぐに収まります。医師とよく相談して薬を服用するのは、精神科の薬も内科の薬も同じことです。SSRIは決して恐ろしい薬ではありません。もしうつ病でSSRIを服用中の方がおられましたら、勝手に中止したりせず、きちんと医師の指示を守り、医師と相談しながら正しく服用していただきたいと思います。

逆にメンタル疾患でもない人は、SSRIを飲んではいけません。病気でもない人が医師の指示もなく、ドラッグ的な感覚でSSRIを飲み始めれば、いろいろな副作用が出るのも当然です。

セロトニンを活性化したければ、「日光を浴びる」「リズム運動」「咀嚼」を定期的に行う。そして、「共感力を鍛える」。それだけで充分にセロトニンを活性化できますので、安易に薬に頼るようなことは絶対にやめましょう。

Chapter 4 Summary

まとめ

- □ 癒し物質・セロトニンは、覚醒、気分、心の安定と深く関係している
- □ セロトニンを活性化する方法は「日光を浴びる」「リズム運動」「咀嚼」の3つ
- □ カーテンを開けて寝ると、寝起きがスッキリする
- □ 起床後2〜3時間の脳のゴールデンタイムを有効利用しよう
- □ 脳を活性化するには朝食は不可欠
- □ 煮詰まったときの気分転換に役立つ「セロトニン気分転換仕事術」は、「1　外食ランチ」「2　歩きながら考える」「3　深呼吸」「4　音読」「5　簡単な運動」「6　気分転換の組み合わせ」「7　セロトニン活性化を習慣にする」の7つ
- □ 感動の涙には「癒し」の効果がある。共感力を磨けばセロトニン神経が鍛えられる
- □ 普段からセロトニン神経を鍛えておけば、うつ病の予防にも役立つ

5

メラトニン仕事術

「睡眠物質」で
完全リフレッシュ

「寝つき」のよさは、脳内物質が決めていた！

「睡眠」は最強・最優先の仕事術

仕事を猛烈に頑張っている上に、仕事のあともジムに通い体力作りをしたり、スポーツをしたり、しょっちゅう飲み会に行ったり、遊びもパワフルにこなしたり……。あなたの職場にも、そんなエネルギーにあふれた行動的な人がいると思います。

なぜその人は、いつもそんなにエネルギッシュでいられるのか？

朝から晩までパワフルに活動しつづけて、疲れというものを知らないのか？

パワフルに活動する人とそうでない人の一番の違い、私は「睡眠」だと思います。

昼間はパワフルに活動する。でも、夜はきちんと深い睡眠がとれているので、昼間の疲れを完全回復できる。結果として、毎日パワフルに活動できるのです。

私は、最も重要な仕事術を1つ選べと言われたら、「きちんと睡眠をとること」と答えます。睡眠は人間の活動の基本です。きちんと睡眠がとれないと、心も体もズタズタになります。仕事どころではありません。

ある研究によると、トップ10％に入っていた優秀な学生の睡眠時間を「7時間以下」に制限したところ、その成績は下位9％まで落ち込んだそうです。

また別の研究によると、5日間連続で睡眠時間を「6時間以下」に制限したところ、48時間連続で眠らなかった人と同程度まで、認知能力が低下したというデータもあります。丸2日も徹夜した人と、同程度の状態になったわけです。

睡眠不足は、注意・実行機能、即時記憶、作業記憶、気分、数量的能力、論理的推論能力、数学的能力など、ほとんど全ての脳機能を低下させるのです。

そんな状態で仕事をしても、仕事がはかどるはずもありません。睡眠とそれに基づく健康を無視して、ビジネスでの成功などありえないのです。

しかしながら、睡眠について勉強している人は意外と少ないものです。多くの人は、睡眠を悪くする習慣ばかりを実行しています。
本章では「メラトニン」と「睡眠のメカニズム」について説明しながら、パワフルに活動するためのエネルギーを養うリフレッシュ術をご紹介します。

睡眠と覚醒を調整する「眠りを誘うホルモン」

人間は睡眠を促すため、主に2つのシステムを持っています。その1つがメラトニンです。ちなみに、もう1つは「GABA」という脳内物質で、カカオなどに含まれていることから、その名を冠したチョコレートなども発売されました。

メラトニンは1958年に発見されました。脳の神経のみならず、脈拍、体温、血圧を低下させることで、睡眠と覚醒のリズムを上手に調整し、自然な眠りを誘う作用があります。全身の臓器を休息モードに切り替えるのです。こうしたことから「睡眠物質」「眠りを誘うホルモン」とも呼ばれています。

メラトニンを分泌するのは、脳の「松果体」と呼ばれている部分です。松果体は網膜が受ける光の量の情報をもとに、メラトニンの分泌量を決定します。目に入る光の

松果体とメラトニン分泌

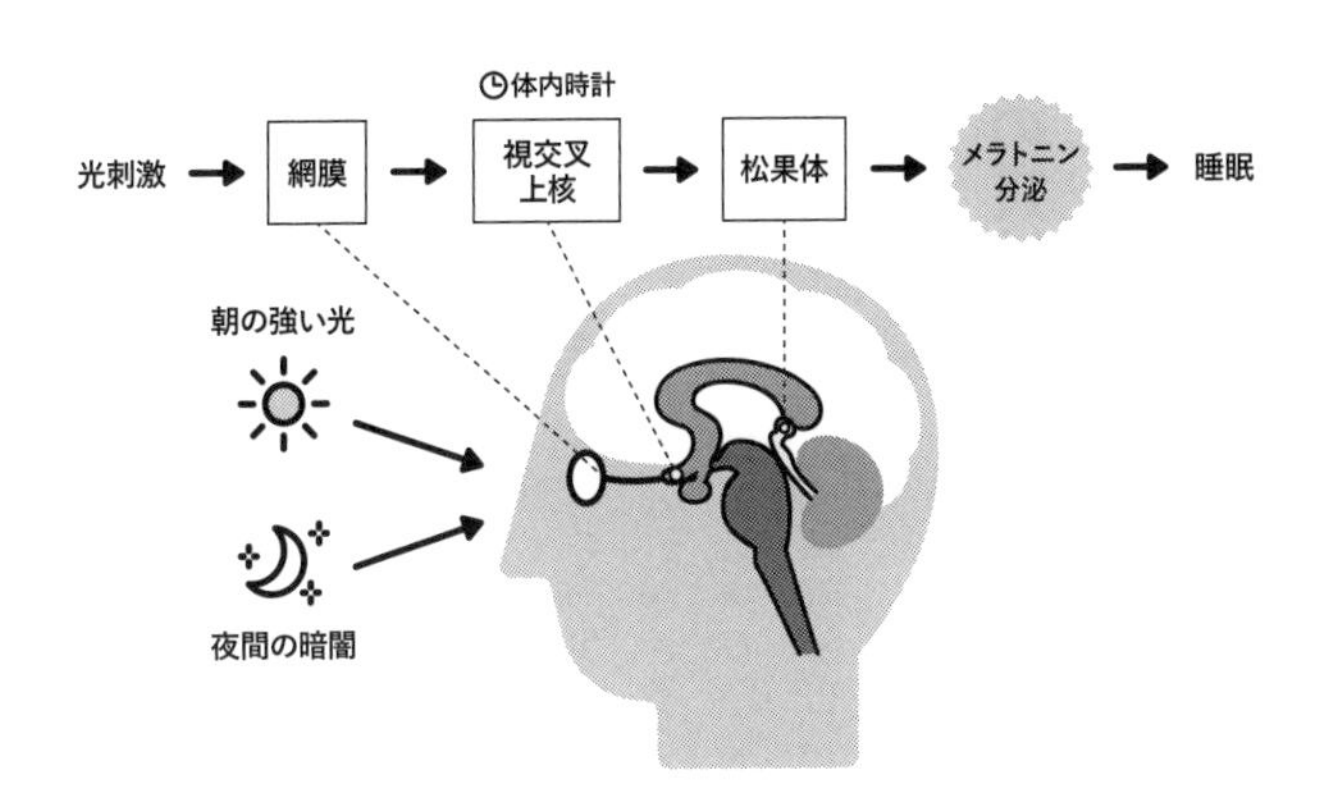

量が減ると、それを感知した松果体がメラトニンを分泌するわけです。

寝るときに部屋を暗くするとグッスリと眠れるのは、光刺激が遮断されることによって、メラトニンの生成が高まるからです。

第4章でお話ししたセロトニンは、眠りの中でも「寝起き」に関連した脳内物質です。快適に目覚められるかどうかが、セロトニンの分泌に影響されていました。それに対してメラトニンは「寝つき」に影響すると考えてください。

こうしたメラトニンの睡眠に対する効果をまとめると、おおよそ次のようになります。

・睡眠潜時の短縮（寝つきをよくする）
・睡眠効率の上昇（床についている時間に対して睡眠時間の割合を延長する）
・睡眠時間の延長（長く持続的に眠れる）

メラトニンは昼間に比べて、夜間のほうが5～10倍も多く生産されます。特に午前2時から3時頃にかけては、その生成量がピークに達します。グッスリと眠るためには、メラトニンをしっかり分泌させることが必要なのです。

逆に不眠症の人は、メラトニンの分泌が悪い可能性があります。場合によっては、メンタル疾患の症状として「睡眠障害」が表れていることもあります。

「睡眠」の質は、心と身体の健康指標

「よく眠れていますか？」

これは精神科医が、通院している患者さんに対して、毎回、必ずと言っていいほど

する質問です。それだけ睡眠が、精神医学的に重要だからです。睡眠の状態は、身体の状態と心の状態を如実に表します。

多くのメンタル疾患は、睡眠障害を合併します。「うつ病」「統合失調症」「アルコール依存症」など、どれも高い確率で眠れなくなります。「精神科で見られる最も多い症状は不眠」と言ってもいいくらいです。そして、多くの病気は病状の悪化につれて、睡眠障害もひどくなっていきます。

逆に病状が改善すると、睡眠障害も改善していきます。病状の悪化と改善の指標として、睡眠は特に重要な意味を持つのです。「グッスリ眠れます。でも、精神的には非常に調子が悪いです」という人は滅多にいません。

うつ病の場合、睡眠障害はほとんどのケースに見られます。それも初期から見られますので、うつ病の早期発見の指標としても重要です。「最近眠れなくなってきた」ということは、ストレスがかかり、心と身体のバランスが崩れ始めている徴候と言えるわけです。

寝つきが悪い。

途中で目が覚める。

時間的には眠っているのに、疲れがとれない。

朝の寝起きが悪い。

これらの全てが睡眠障害の徴候です。心と体の健康において、「黄色」信号が点灯していることを意味します。

本格的な睡眠障害の場合は、医者にかかることをオススメします。ですが、「よく寝られないなあ」というレベルなら、生活習慣を変えることで、メラトニンを分泌させられます。それにより、心地よい眠りも戻ってきます。

「快適な眠り」を与えてくれる 7つの習慣

メラトニンを出す方法〈1〉部屋を真っ暗にして眠る

よく「豆電球をつけないと眠れない」という人もいますが、豆電球の明るさにもよるものの、あまりいい眠り方とは言えません。メラトニンは光を嫌うため、寝ている間に網膜に光が入ると、メラトニン分泌が抑制されてしまうからです。

光感受性は個人差が大きく、光感受性が高い人の場合、豆電球をつけて寝るだけで不眠になることもありえます。とはいえ、睡眠をとる環境は、暗ければ暗いほどよいのは確かです。できれば真っ暗にするのが一番です。豆電球も消して、できるだけ暗くして寝ることが、最も簡単にメラトニン分泌を促進させる方法と言えます。

第4章では朝スッキリと目覚めるために「カーテンは開けて寝ろ！」という話をし

ましたが、カーテンを開けて寝た場合、外の光が入ってしまい寝室が明るくなってしまう部屋もあるでしょう。こんなときは、まずグッスリと眠るためのメラトニン分泌を促進しないといけませんので、残念ながらカーテンを開けて寝られません。

寝起きがよくなることも重要ですが、その前にちゃんと眠らなければいけませんから。

もし繁華街の近くなどに住んでいて、カーテンを閉めても外の光が入ってきて明るいという部屋では、「アイマスク」をして眠る方法があります。

どうしても「夜起きたとき、真っ暗だと困る」という場合は、照明を床に向けた「床面照明」などを利用してみてください。網膜に光が当たらないことが重要なので、視線に直接光が入らなければ、睡眠に対する影響はほとんどないでしょう。

メラトニンを出す方法〈2〉入眠前に薄暗い部屋でリラックスする

メラトニンの分泌は、夕方くらいから増え始めて、入眠前にはすでに活発になっています。つまり、入眠前の時間の過ごし方が、メラトニン分泌に影響を与えるのです。

例えば、シャンデリアがまぶしいほど輝く、明るい部屋で遅くまで過ごしていると、暗い寝室に行きベッドに入っても、すぐには寝られないものです。

逆に照明を少し落とした状態で、1～2時間過ごしていると、メラトニンの分泌は高まります。そこで完全に電気を消し、入床すると、スムーズに眠りに入れます。

テレビドラマなどでは、帰宅した主人公が間接照明の部屋で音楽を聴きながらゆっくりとくつろぐ……なんていうシーンがあります。こういう明るすぎない場所でゆったりとリラックスするのは、睡眠前の理想的な時間の過ごし方と言えるでしょう。このときの照明は「赤色灯」の「間接照明」がオススメです。

メラトニンを出す方法〈3〉 入眠前に蛍光灯（青色灯）の光を浴びない

ベッドに本を持ち込んで、30分ほど読んで、少し眠気が出てから眠る方もいると思います。これもメラトニン的には、非常によい睡眠前の時間の過ごし方と言えます。

ただし、読書灯や寝室の電気には、「蛍光灯」や「ＬＥＤ電球の青色灯」を使わないことです。

入眠前の数時間に青色灯（蛍光灯・昼光色）の光を浴びると、メラトニン分泌が抑制されます。光を浴びている間だけでなく、光を消したあとも数時間、メラトニン分泌が抑制されることがわかっているのです。

青色灯には、昼間の太陽に含まれる色温度が含まれるために、身体が「昼間」だと勘違いしてしまうのです。これが赤色灯（電球）だと、照度が強い場合をのぞき、メラトニン分泌に影響を与えません。

あなたの寝室の照明や読書灯が、蛍光灯になっていないか、まずチェックしてください。もし蛍光灯になっていたなら、赤系の電球の照明に変えたほうがよいでしょう。

ＬＥＤ電球は「昼光色」「電球色」の２つのタイプが発売されています。「昼光色」は蛍光灯と同じ波長の波を含みますので、寝室につける場合は「電球色」（赤色灯）にしてください。

メラトニンを出す方法〈4〉深夜のコンビニに行かない

深夜にもかかわらず、仕事帰りになんとなくコンビニに立ち寄り、必要のないものを買ってしまう人を見かけます。彼らにとってコンビニは、「ささやかな娯楽」であり、重要なリフレッシュタイムなのかもしれません。

しかしながら、用もなくコンビニに立ち寄ることは、やめたほうがいいと思います。少なくとも「睡眠」に対しては、間違いなく悪影響を及ぼします。

入眠前の数時間、暗い部屋でリラックスするとメラトニンの分泌が促進されることはお話ししましたが、逆に高照度のもとでは、メラトニン分泌は抑制されます。

コンビニの天井には、照明がズラーッと並んでいます。コンビニの照度というのは、800~1800ルクスもあります。家庭の照明は100~200ルクス、かなり明るめのものでも500ルクスほどですから、コンビニはとても明るいのです。

しかも、コンビニは青色灯を使っているために、そのこともメラトニン生成を著しく抑制します。深夜にコンビニに長居することは、睡眠覚醒のリズムに悪影響を及ぼし、不眠の原因にもなりかねません。

メラトニンを出す方法〈5〉入眠前にスマホやゲーム、パソコンをしない

仕事が終わって帰宅してから、寝るまでの時間の過ごし方も重要です。テレビゲームをしたり、スマホやパソコンをしたりして過ごす人も多いと思います。

九州大学の樋口重和教授は、夜間スマホやコンピューターディスプレイを長時間見つめることによって、メラトニン分泌抑制が生じ、体温低下が起きづらくなるとともに、自覚的な眠気が出づらくなることを報告しています。スムーズに眠りにつくためには、体温低下は必須と言えます。

長時間スマホやパソコンの画面を眺めたり、大画面のテレビを見たり、あるいはゲームをしたりすることは、極めて睡眠によくない習慣なのです。

特にスマホは目からの距離が近いために、ブルーライトの影響がより強く出やすいのです。

寝る直前にベッドの中で「メッセージが来てないかな」とSNSをチェックする人は多いはず。そのブルーライトが、メラトニン分泌を抑制し、不眠の原因となります。仮に眠れたとしても、睡眠の質を大きく低下させるのです。

またゲームの場合、内容にもよりますが、戦闘系や格闘系のゲームなど「興奮」を伴うものもあります。こうしたゲームは、「アドレナリン」を分泌させ、交感神経優位にします。本来であれば、夜の時間帯は副交感神経優位でないといけないのに、さらに睡眠を妨げる原因となるわけです。

メラトニンを出す方法〈6〉日中のセロトニンの活性化

セロトニンは必須アミノ酸のトリプトファンから作られ、そのセロトニンからメラトニンが作られます。つまり、メラトニンの原料はセロトニンなのです。

セロトニンは朝、目が覚めて、心と体が活動を開始するとともに分泌が高まります。特に午前中に分泌されます。そして、日没とともに暗くなると、セロトニンからメラトニンが生成されるようになるのです。

いわばセロトニンは「昼の活動物質」で、メラトニンは「夜の睡眠休息物質」です。両者が昼と夜とで、入れ替わるように機能しているのです。

メラトニンの生成過程

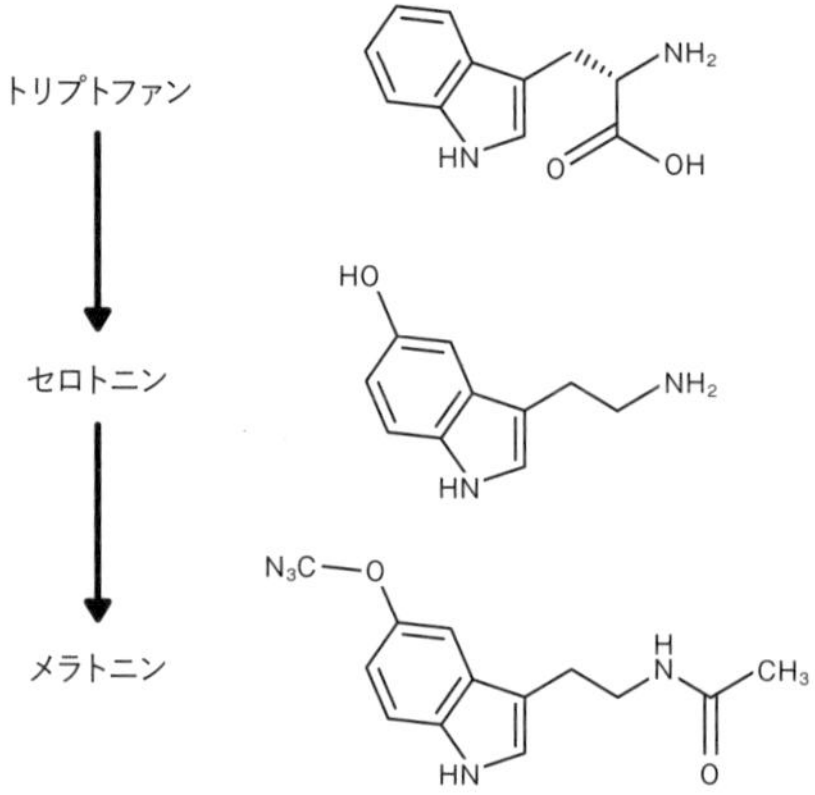

トリプトファン
↓
セロトニン
↓
メラトニン

先ほど「うつ病になるとほとんどの人は睡眠障害になる」と書きましたが、うつ病はセロトニンの分泌が悪くなり、セロトニンが枯渇する状態です。このためうつ病では、セロトニンを原料とするメラトニンの分泌も悪くなり、睡眠障害が起きるわけです。それがひどくなると「不眠」となります。うつ病と不眠は、メラトニンを通じて密接に結びついているわけです。

この話は、「私はうつ病ではないから関係ない」ということにはなりません。うつ病ではない健康な人でも、セロトニンが充分活性化してい

メラトニンとセロトニンの日内リズム

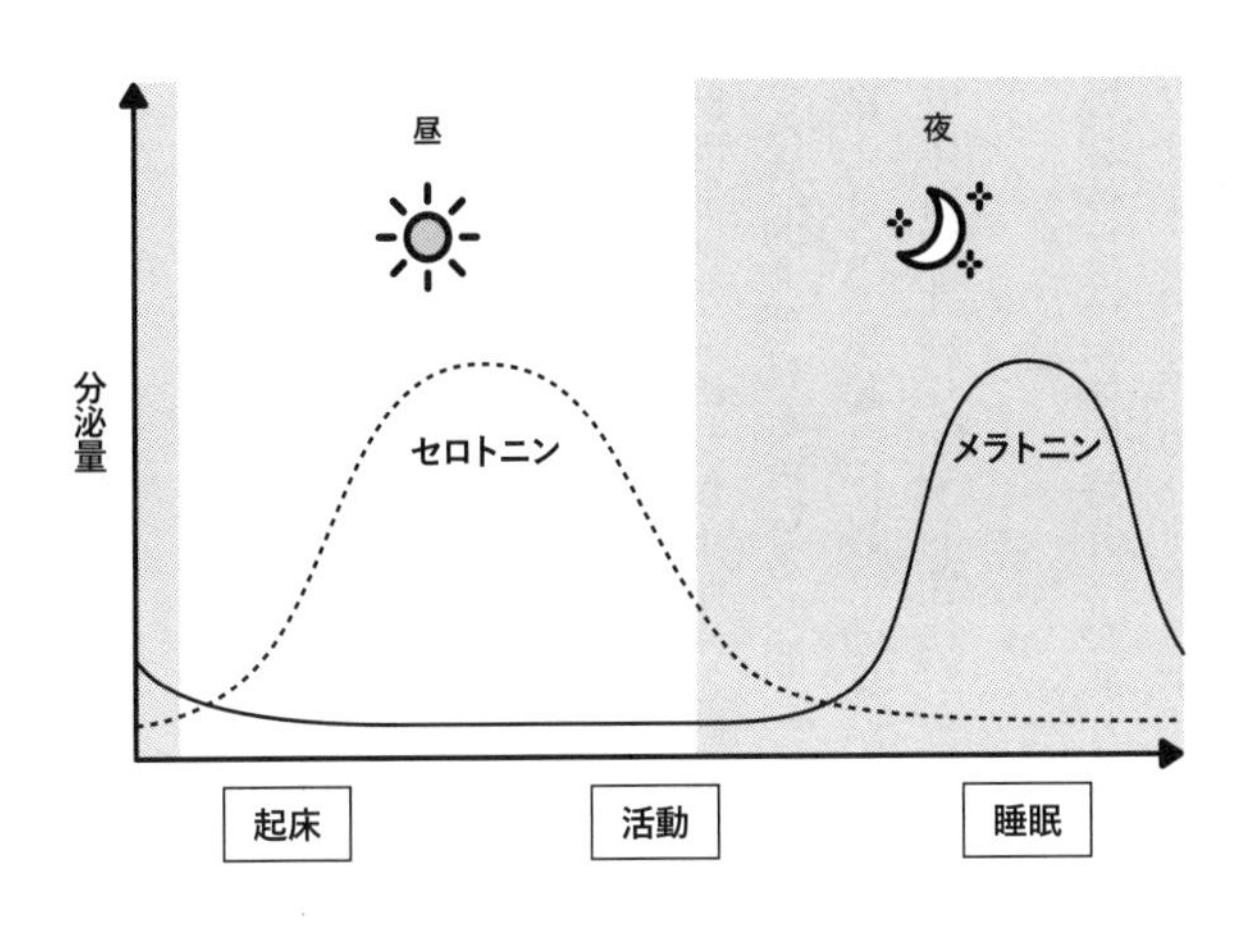

る人もいれば、疲れによってセロトニンの活性が悪くなっている人もいます。第４章で書いたように、セロトニンを活性化することで意欲を引き出して、気分を改善するという効果が得られます。

さらにセロトニンの活性化によって、メラトニンも分泌しやすくなるわけですから、「良質な睡眠を得る＝メラトニンを充分に分泌させる」ためには、まずセロトニンの活性化が不可欠なのです。

第４章でご紹介した「セロトニン活性法」を、寝つきを良くするためにも実践してください。

メラトニンを出す方法〈7〉朝、太陽の光を浴びる

早起きするには「早寝」をすればいい、と思っている人が多いと思いますが、生物学的には、「早寝」は「早起き」に直接は結びつきません。普段は夜遅くまで起きている人が、いきなり早寝を心がけても、なかなか眠気が出てこないものです。結局、いつもの入眠時間まで眠れないと思います。

朝起きて日光（高照度の光）を浴びると、体内時計はリセットされます。そこから15時間ほどすると、メラトニンが分泌されて、自然な睡眠が誘導されます。「夜眠くなる時間＝メラトニンが出始める時間」というのは、布団に入った時間ではなく、「朝起きる時間＝朝日を浴びる時間」によって決定されるのです。

言い換えれば、早起きに最も効果があるのは、早起きです。がんばって早起きをすることで体内時計がリセットされ、「早寝早起き」のサイクルが始まるのです。

人間の身体には「体内時計」があります。不思議なことに、この体内時計の周期は24時間ではなく24時間10分前後です。

毎日朝日を浴びていれば、朝がくるたびに体内時計がリセットされますから、体内時計の周期が24時間を超えていても問題はありません。ですが、朝日を浴びない生活をしていると、体内時計のズレが蓄積し、起床時間はドンドンと遅くなっていきます。

朝起きられないので学校に行けないという不登校の児童や生徒、あるいは引きこもりとなってしまった大人は、朝の体内時計のリセットが行われません。そのためにいつまでも起きられず、昼夜逆転の生活になってしまうのです。

とはいえ、早起きしても室内でダラダラ過ごしていては、あまり意味がありません。体内時計をリセットするときは、「太陽の光」（高照度の光）が重要なのです。それをしっかりと浴びるほど、リセットもされやすくなります。

快晴の日の屋外は、１００００ルクスの明るさになります。これが室内に入ると、１０００ルクス以下になってしまいます。明るさが10倍以上も違っているのですから、屋内と屋外では、体内時計のリセットの効果も異なります。

早起きしたら部屋で過ごすよりも、外に出て直接日光を浴びてください。それにより、体内時計がしっかりリセットされるのです。まずは、5～15分の朝散歩を始めてください。

メラトニンの思いがけないリフレッシュ効果

「不老長寿の妙薬」としての顔

メラトニンは「睡眠促進物質」であると同時に、「細胞修復物質」でもあります。「老化防止効果」や「抗腫瘍効果」があることは、各種の研究で明らかにされています。

まず老化防止効果としては、強力な「抗酸化作用」を有しています。

抗酸化作用とは、身体を酸化する原因である「活性酸素」を処理する作用です。結果として、アンチエイジングの効果が得られます。

活性酸素は動脈硬化の原因にもなります。動脈硬化が進むと、心筋梗塞や脳卒中などの心血管系の病気の発症リスクが大きく高まります。活性酸素が除去されることは、動脈硬化の予防にもつながり、心筋梗塞や脳卒中の予防にもなるということです。

抗酸化作用が強い物質としては「ビタミンE」が知られています。このビタミンEの2倍もの抗酸化作用が、メラトニンにはあるのです。

よく「錆びない身体を作ろう」と言われますが、メラトニンは身体を錆から守る効果があるのです。メラトニンが夜間にしっかりと分泌されれば、病気のリスクを減らし、老化防止に役立ちます。

また、メラトニンには「腫瘍増殖抑制作用」「血管新生抑制作用」「DNA修復作用」など、多彩な抗腫瘍効果が認められています。わかりやすく言えば、メラトニンは体内の重要な「回復物質」なのです。

私たちは疲れたときに、「体力を回復しよう」とドリンク剤を飲むことがあります。ですが、ドリンク剤には興奮物質であるカフェインが含まれていますから、無理に頭と身体を興奮させているだけです。元気になったように錯覚させるだけで、ちっとも回復にはつながりません。

そんなことよりも、究極の回復物質であるメラトニンを分泌させる。グッスリ眠るとともに、病気にもならず身体を若々しく保つことにもつながる。そんな素晴らしい奇跡のホルモンを、私たちの脳は自分で分泌させることができるのです。

逆に回復がうまくいかず、身体に限界がおとずれたのが「過労死」です。

実際には過労死は、疲れがたまって死ぬわけではないのです。疲れが過剰にたまったとしても、心筋梗塞や脳卒中という病気が、突然起きるものではありません。

過労死の原因となる心筋梗塞、脳卒中などの発生率は、仕事の量や大変さと比例するのではなく、「睡眠時間の短さと相関する」という研究結果があります。

ある調査によると、週40時間勤務で残業がない人は、平均7・3時間の睡眠をとっていました。これが残業時間が月80時間、つまり1日あたり3・5時間だと、睡眠時間は平均6時間に減少します。さらに残業時間が月１００時間（1日あたり4・5時間）になると睡眠時間は5時間しかなくなるそうです。

仕事が忙しくて、残業が多くなり、帰宅時間が遅くなる。そして、睡眠時間が充分にとれなくなる。その結果として、睡眠中の休息や修復が不充分となって、心血管系疾患のリスクが高まるのです。

夜勤労働と発がん率についての関係を表すデータもあります。それによると、「月3回以上の夜勤労働を30年以上続けると、乳がんの発症率が1・5倍になる」「月3回以上の夜勤労働を15年以上続けると、大腸がんの発症率が1・4倍になる」そうです。

かなり忙しくハードに仕事をしていても、睡眠時間をきちんと確保し、またグッスリとした眠り、睡眠の質も確保されていれば、バリバリと働くことができます。心も体も健康でいられるわけですね。

そのためには、「質の高い充分時間の睡眠」が不可欠です。夜にメラトニンを分泌させて、きちんと睡眠をとることが、健康のためにも非常に重要なのです。

「老いない身体」は、内側から作られる！

メラトニンが不老長寿の妙薬であることを聞いて、「じゃあ、メラトニンのサプリメントを飲めばいいじゃないか」と思う人もいるかもしれません。

ですが、これまでにもくり返しお話ししてきたように、サプリメントとして外部から補給するだけでは、不足した脳内物質を完全には補えないのです。

メラトニンは日本では、医薬品扱いとなっています。その製造、販売、輸入も禁止、規制されています。これがアメリカでは医薬品ではなく、サプリメントとしての服用が認められています。スーパーマーケットなどで自由に購入できるのです。

メラトニンが睡眠や生体防御において重要な役割を発揮している基礎データはあるのですが、その効果がサプリメントで得られることを証明するデータは乏しいようです。

実際、アメリカのＦＤＡ（米国食品医薬品局）は、メラトニンに医薬品的な効果や効能を認めていません。また、長期服用の安全性、副作用などについても、きちんとしたデータがあるわけでもありません。

脳内物質に関する全てのサプリメントに言えることですが、外から摂取するのではなく、生体内で合成、分泌されるものが一番なのです。サプリメントとして摂取するよりも、メラトニンが出やすい生活、行動をすることが何倍も重要です。

それに睡眠は、メラトニンだけによって引き起こされるわけではありません。鎮静作用を有する「ＧＡＢＡ神経系」とも関係があります。メラトニン以外のホルモンや各種睡眠関連物質の濃度が、日中と夜間で変動すること（液性調節）も関連しています。あるいは、交感神経と副交感神経のバランスや睡眠リズムも重要です。サプリメントでメラトニンだけ摂取しても、すべての要素が改善するはずはありません。それよりも生活習慣を改善して、身体の内側から深い睡眠を得て、心と体の疲れをとる。そこではじめて、明日も働く英気を養うことができるのです。

睡眠時間よりも大切な「グッスリ感」

このようにお話しすると、「睡眠時間は何時間とればいいのですか?」と気になったかもしれません。私もよく、そうした質問をされます。

日本人の平均睡眠時間は、平日で7時間26分、土曜日で7時間41分、日曜日で8時間13分との調査結果があります。睡眠時間と寿命の関係では、7時間以上8時間未満の場合に平均余命が最も長くなります。つまり、睡眠時間は短すぎても、長すぎても寿命は短くなるということです。

また、睡眠時間とうつ病の発症を調べた研究では、睡眠時間7時間台の人が、もっともうつ病になりにくいというデータもあります。

これらのデータから、健康的な睡眠時間というのは7〜8時間と考えられます。睡眠時間は何時間が健康か？　研究者によっても幅がありますが、私は膨大な論文、研究を総括し、以下の基準を提唱しています。

6時間以下は、明らかな「睡眠不足」。生活習慣病のリスクが大きく高まり、集中力も低下し仕事のパフォーマンスも下がります。

7〜8時間は、「必要睡眠時間」。健康のために必要となる睡眠時間です。つまり、最低でも7時間は眠りたい、ということ。

8時間は、「目標睡眠時間」。脳のパフォーマンスを最大化できる睡眠時間です。

ちなみに、私は毎日8時間眠っています。

また、睡眠は「時間」だけではなく、深い睡眠でグッスリ眠る。睡眠の「質」も重要です。

朝起きたときに「ああ、グッスリと眠れた」「疲れもとれて快調だ」と感じるならば、それは睡眠の質と量が適切な証拠です。このグッスリ眠れた感じを「熟眠感」と言いますが、睡眠は「時間の長さ」だけではなく「熟眠感」が非常に重要です。

よく「私は眠れているから大丈夫です」とおっしゃる方もいますが、ここでの「眠れている」はほとんどの場合、「睡眠時間がとれている」ことを示します。

したがって、「寝起きが悪い」「疲れがとれない」という睡眠が不充分な兆候が出ていても、睡眠時間がそれなりだと、「眠れている」と勘違いしてしまうのです。

睡眠は量（時間）と質（熟眠感）の両方が重要です。どちらも素晴らしいものであれば、朝はスッキリと目覚め、疲れも残っていないはずです。「今日も一日頑張るぞ！」と気力も充実しているはずです。長時間の睡眠でも疲れがとれない場合、量のわりに質が充分でない可能性があります。

あなたも量だけでなく、質にまで目を向けてください。寝起きの感覚によって、大まかな目星はつくはずです。グッスリ眠れて、快適に起きられたら良好です。

もし不充分な場合は、睡眠によくない生活習慣を必ずしているはずです。そうした悪い睡眠習慣を改善して、「質と量の両方がすぐれた理想的な」睡眠をとれるようにしていただきたいと思います。

Chapter 5 Summary

まとめ

□ 睡眠物質・メラトニンが分泌されると眠気を生じる

□ 睡眠物質メラトニンは、熟睡、疲労回復のために不可欠な脳内物質である

□ 不眠は心や身体の病気の前兆かもしれない

□ メラトニンを出す方法は以下の７つ

〈1〉部屋を真っ暗にして眠る

〈2〉入眠前に薄暗い部屋でリラックスする

〈3〉入眠前に蛍光灯（青色灯）の光を浴びない

〈4〉深夜のコンビニに行かない

〈5〉入眠前にスマホやゲーム、パソコンをしない

〈6〉日中のセロトニンの活性化

〈7〉朝、太陽の光を浴びる

□ 一日７～８時間ぐっすり眠ることを目標にしよう

6

アセチルコリン仕事術

「認知機能」と「ひらめき」を高める方法

「とりあえず」の気持ちが「やる気」を生み出す

やる気が出ないなら、とりあえず始めよう！

部屋の掃除をやろうと思ったものの、なかなかやる気が湧いてこない。それなのに、いざ掃除を始めると、なんだかおもしろくなってしまって、夢中になって掃除してしまった……。そんな経験はありませんか？

作業を始めてみると、だんだん気分が盛り上がってきてやる気が出てくることを、心理学者クレペリンは「作業興奮」と呼びました。俗に「気分が乗ってきた」「やる気に火がついた」「興に入る」という言葉で表現される状態です。これは脳のやる気のスイッチがオンになった状態とも言えます。

やる気が出ないときは、やる気が湧いてくるまで待つ人が多いですが、それは正しくありません。むしろ、「やる気が出ないから、とりあえず始める」というのが、脳科学的には正しいモチベーションアップの方法です。

脳には「側坐核（そくざかく）」という部位があります。脳のほぼ真ん中に左右対象に存在する、リンゴの種ほどの小さな部位です。この側坐核の神経細胞が活動すればやる気が出ます。

ただし、側坐核の神経細胞は、ある程度の「刺激」がきたときだけ活動を始めます。ずっと待ち続けていたら、いつまでも刺激が得られないのです。

頑張ってでも作業を始めると、そのことが側坐核への刺激となります。側坐核が自己興奮してきて、「アセチルコリン」が分泌され、どんどん気分が乗ってきます。ですから、「やる気が出ないから、とりあえず始める」が正しいわけです。

アセチルコリンは、「副交感神経」の節前・節後線維（副交感神経の興奮）、「交感神経」の節前線維（交感神経の抑制）、そして運動神経の伝達物質としての役割を持っています。

アセチルコリンの主な機能

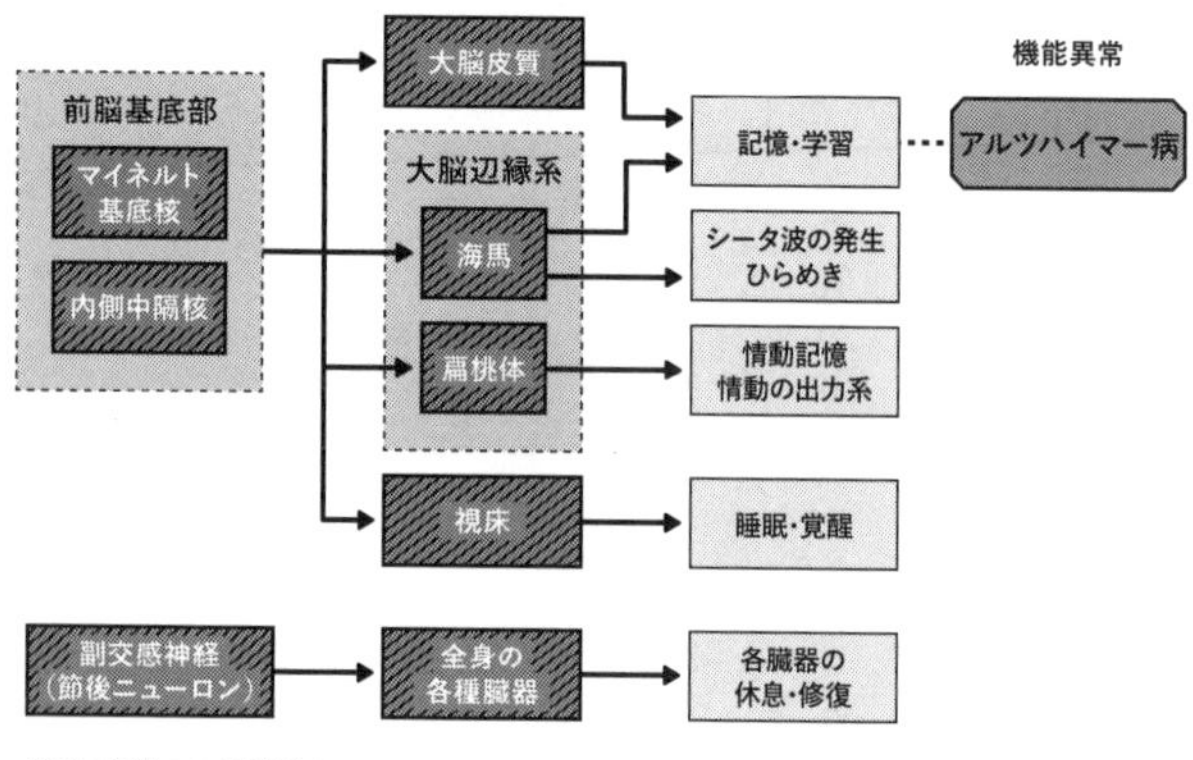

注)主な経路のみを単純化して示しています。

交感神経がアクセルとすれば、副交感神経はブレーキです。第3章でお話ししたように、交感神経が興奮するとアドレナリンが分泌されます。このアドレナリンで踏み込んだアクセルを、アセチルコリンのブレーキで制御するのです。

この他にもアセチルコリンは、前脳基底部（マイネルト基底核、内側中隔核など）から、大脳皮質、大脳辺縁系、視床などに投射し、認知機能（思考・記憶・学習・注意力・集中力）、睡眠と覚醒（特にレム睡眠）、シータ波の発生、情動記憶などの機能も担っています。仕事術的に言えば、「認知機能」や「ひらめき」、作業の効率や創造力・発想力などと関わってくる脳内物質です。
アセチルコリンをコントロールできると、「仕事がはかどる」「ひらめきを得る」といったメリットが得られるはずです。

たった30分の「仮眠」でも、脳は元気を取り戻す

私が医師2年目の頃（約30年前）、ある多忙な総合病院に勤めていたときのこと。その病院では、午前中だけで患者さんを50～60人も診察しないといけませんでした。それだけの患者さんを診察すると、頭も身体もヘロヘロに疲れてしまいます。

そんなときは昼食をとって、昼休みの残りの30分ほどは「仮眠」をします。そうすると、午前中の疲れが嘘のようにとれて、また午後の診療を意欲的に行うことができるようになったものです。

仮眠が脳と身体の疲労回復に効果的であることは、経験的に知っている人も多いと思います。実際、多くの脳科学研究は、仮眠が脳のパフォーマンスを大きく改善させることから、「仮眠の推奨」を支持しています。

ＮＡＳＡで、仮眠とパイロットについての研究でめざましい成果を上げた科学者のマーク・ローズカインドは、「社員の能力をほんの26分間で34％も向上させる経営戦略が、他にありますか？」と語っています。

たった30分ほどの仮眠で、脳のパフォーマンスを34％も回復させられる。それだけの素晴らしい効果を、「仮眠」は持っているのです。

日本人を対象にした研究でも、「30分以内の仮眠の習慣がある人は、仮眠の習慣のない人に比べて、アルツハイマー病の発症率が5分の1になる」という結果があります。あとで詳しく説明しますが、アルツハイマー病ではアセチルコリン系の機能低下が認められます。アルツハイマー病とアセチルコリンは、密接な関係があるのです。

睡眠に関係する脳内物質としては、第5章で「メラトニン」について説明しましたが、アセチルコリンも深く関係しています。睡眠中（特に熟睡しているレム睡眠中）に、アセチルコリンの分泌は高まり、脳や身体の休息を促進します。

だからこそ、仕事で疲れて猛烈な眠気に襲われるときは、コーヒーやドリンク剤を飲んで我慢して仕事を続けるよりも、30分ほどの短い仮眠をとったほうが、脳のパフォーマンスが改善するのです。結果として、仕事の質も量も向上します。

しかしながら、仮眠が60分以上になると、逆にアルツハイマー病の発症率は2・6倍に高まるそうです。仮眠時間があまりに長くなると、夜に眠れなくなってしまい、睡眠のリズムに悪影響を及ぼすからです。

アイデア力を高める「シータ波」を出そう！

精神的にリラックスした状態において、「アルファ波」という脳波が出ることは、比較的知られた事実です。

脳波には他にも、「シータ波」というものがあります。アルファ波が9～12ヘルツの周波数であるのに対して、シータ波は4～7ヘルツの周波数の脳波です。

つまり、シータ波はアルファ波よりも少しゆっくりとした波で、睡眠に入るときのウトウトとした状態、深い瞑想状態やまどろみの状態で発生する脳波なのです。

このシータ波は、アセチルコリンと非常に深く関わっています。アセチルコリンが海馬を刺激して、シータ波を出すからです。

海馬は自らもシータ波を生み出しますが、アセチルコリンが活性化すると、さらにシータ波を生み出しやすくなります。シナプス（神経と神経の接合）もつながりやすくなるのです。

シナプスがつながりやすくなると、記憶が定着しやすくなります。「シナプスがつながったときに、奇抜なアイデアが生まれる」と言いますが、「シータ波が出るとアイデアが出やすくなり、奇抜なアイデアが生まれる」と言い換えてもいいでしょう。

つまり「アセチルコリンの分泌→海馬からシータ波→記憶力・発想力アップ」という関係があります。うまくアセチルコリンを分泌させて、シータ波を出すことができれば、記憶力を高め、凄いアイデアを生み出すことができるわけです。

シータ波を出す方法としては、「仮眠をする」の他にも、「好奇心を刺激する」「外に出る」「座ったまま手足を動かす」などがあります。

常に好奇心をもって新たなことに挑戦していると、いつまでも脳が若々しい状態となり、「物忘れ」などを起こしづらいことはよく言われます。それは好奇心がかき立てられることによって、アセチルコリンの分泌が促されるからなのです。

具体的には、「新しいものに出会ったり、初めての場所に行ったとき」「興味を持ったものを調べたり、探索しているとき」「新しい刺激が多い環境で生活するとき」などに、シータ波が出てきます。

外に出るのも同じことです。普段歩いたことのない場所を歩いたり、周囲の環境、目にうつる風景が変わるだけでも、シータ波が出やすくなるのです。

テレビの散歩番組が人気です。芸能人、著名人が都内近郊のスポットを訪れ、散歩中にその土地の店に立ち寄ったり、出会った人たちと交流を深めたりしながら、街の紹介をしていく番組です。

要するに知らない街を「ぶらり歩き」するわけですが、この散歩番組的なぶらり歩きが、アセチルコリンの分泌を促すと言えます。

私は昼になると、外に出て外食でランチをいただきます。これはセロトニン活性化の意味合いもあるのですが、同時にアセチルコリンの分泌も促進します。

新しい店ができたと聞けば、必ずすぐに行ってチェックします。あるいは、いつもと同じ店の場合は、新しいメニューにチャレンジします。

1時間の昼休みでも、「新しい店」や「新しいメニュー」に挑戦することで、好奇心を促し、アセチルコリンの分泌を促すわけです。ランチを食べに行くときは、必ず「ノート」を忘れずに持って出かけます。ランチで注文を待っているとき。あるいは、ランチを食べているときに、良いアイデアがポンとひらめくことが多いからです。

アイデアは会議室ではなく現場で生まれる！

素晴らしいアイデアを生み出す重大なヒントが、『スウェーデン式アイデア・ブック』（フレドリック・ヘレーン著／ダイヤモンド社）という本に書かれています。

同書は「アイデアが浮かびやすい場所は４つある」としています。バー（Bar）、お風呂・トイレ（Bathroom）、乗り物のバス（Bus）、ベッド（Bed）です。それぞれの頭文字をとって「創造性の４Ｂ」とまとめています。

アイデアというのは、机に向かって必死に考えていても生まれない。むしろ、弛緩した瞬間や、何も考えていないようなボーッとした瞬間に生まれる。そんな精神的な弛緩を生み出してくれる場所が「創造性の４Ｂ」なのです。

バーでお酒を飲んだホロ酔い気分のとき、お風呂に入ってリラックスしているとき、バスや電車に乗っているとき、あるいは就眠前、就眠中。そういう場所で素晴らしいアイデアが生まれやすいというのは、全くそのとおりだと思います。アルキメデスが「アルキメデスの原理」を発見したのも、風呂に入っているときでした。

私も電車に乗っているとき、中吊り広告を見たり、電車に乗っている人を観察していて、おもしろいアイデアが浮かぶことがよくあります。

この「創造性の4B」は、「シータ波の4B」と言い換えてもいいでしょう。いずれもシータ波が出やすい場所であり、アセチルコリンが出やすい場所でもあります。

期限までに企画書を書かなければいけない、といった状況に追い込まれると、机に向かって必死に考えたり、あるいは会議室に缶詰になって必死にディスカッションしたりする人がたくさんいますが、それらが脳科学的に全く逆効果だったことは、すでにおわかりだと思います。

ひらめきの材料となるインプット作業は必要です。たくさんの資料に目を通したり、最低限のディスカッションでアイデアを煮詰める作業は不可欠です。ですが、肝心のアイデアは机や会議室から、離れた場所で生まれやすいのです。

「アイデアは会議室で生まれるんじゃない！　現場で生まれるんだ！」

不朽の名作『踊る大捜査線』の名セリフをもじってみましたが、「創造性の４Ｂ」を意識するだけで、あなたのアイデア出しは非常に楽になるはずです。

時間帯によって、向いている仕事は異なっている

午前中……「論理的」で「決断力」を要する仕事

起床してからの午前の2~3時間は、「脳のゴールデンタイム」と呼ばれて、脳が最も生き生きとして活動する時間帯であることは、すでに紹介しました。

この「脳のゴールデンタイム」を、いかに活用するのか？　それによって、1日にこなせる仕事の量や効率が何倍も変わってきます。

例えば、私は本を1冊執筆するのに、実質1ヶ月あれば充分です。これを言うとほとんどの人が驚かれます。特に編集者や著者など、実際に出版に携わる方ほど驚かれるようです。通常は3ヶ月くらいの執筆期間がかかると言います。

なぜ私が、普通の人の3倍の速度で執筆できるのかと言いますと、「脳のゴールデ

ンタイム」を有効活用しているからです。

脳のゴールデンタイムは、午前中の2～3時間。この時間にきちんと集中して執筆すると、原稿用紙で10～20枚ほど書くことができます。本1冊は原稿用紙で300～400枚くらいですから、このペースだと1ヶ月で仕上がるわけです。

この執筆活動を夜の時間帯にやってしまうと、私の場合は2～3時間机に向かっても、10枚を書くことは不可能です。そんな実体験から、脳のゴールデンタイムの重要性をひしひしと感じます。

この話をすると、必ず一定の割合で反論が来ます。

「私は、夜のほうが頭が冴える」「深夜のほうが集中できて、いろいろなアイデアが次々と浮かぶ」など、いわゆる「夜型」の方からの反論です。

しかし、これについては、脳科学的にクリアに説明できます。

午前中の脳というのは睡眠によって、前日の記憶がキレイに整理されている状態です。机の上に何も載っていないようなスッキリとした状態になっています。睡眠によって充分な休息がとれているので、脳の作業効率も高まっています。

さらに午前中というのは、脳内物質的には「セロトニン」や「ドーパミン」などの「アミン」が優位となります。この状態で向いている作業は、整合性、緻密さ、論理性と高い集中力を要求される、「論理的」で高度な脳作業です。例えば、

・文章を書く
・翻訳・語学の勉強などの言語活動
・高度で複雑な計算
・論理的で冷静さを必要とする重要な決断

こうした仕事に取り組むには、午前中の脳のゴールデンタイムが向いています。また、全体を見通すような仕事、例えば「ＴｏＤｏリストを書く」「目標設定」「計画立案」などもいいでしょう。

午後と夜……「想像力」と「創造力」を求められる仕事

午後になると脳は疲れてきて、高度で論理的な作業効率はみるみる低下していきます。実は午後から夜にかけては、アセチルコリンが分泌されやすくなってきます。午

後にちょっと眠気が差すような状態というのは、アセチルコリンの活性が高まって、シータ波が出やすい状態とも言えるのです。

つまり、午後になると脳が疲れてくるのは、チャンスでもあるのです。論理による思考の縛りがゆるくなり、思いがけない発想ができるからです。

夜の遅い時間帯も、シータ波が非常に出やすいと言えます。「ひらめき」や「斬新な発想」などが得られやすいため、クリエイティブな作業に向いているでしょう。アセチルコリンは、「創造力の源」でもありますから。

ひらめきとは、1つ1つの記憶が意識的に結びつけられるのではなく、アセチルコリンの働きによって、無作為に勝手につながったときに起こります。頭を使ってアイデアを絞り出しても、それはひらめきにはなりません。

クリエイティブな活動、アートなどの創作活動は、常識や既成概念を超えたものを生み出す必要があります。「〇〇でなければならない」という論理に縛られるほど、セオリーどおりの思考や発想に陥ってしまい、奇抜で奇想天外な思考はできなくなっていきます。

夜や深夜になると、そうした「論理思考の縛り」が弱まるとともに、アセチルコリンが出やすくなり、「創造的な活動」に向いた状態になるのです。

私の妹はアートの製作をしているのですが、いつ作品を作っているのか尋ねると「夜から深夜」だと言っていました。午前中や昼間というのは、「インスピレーションが湧かない」と言うのです。私の友人の何人かの芸術家の方に同様の質問をしてみたところ、夜や深夜、場合によっては徹夜の作業で、作品を作っている人がほとんどでした。

創造力を必要とする芸術家の方は、脳科学的に「夜」の作業が向いていて、実際に夜の時間帯をうまく活用して創作活動をしている人が多いと思います。ですから午前中よりも午後や夜に重点を置いたほうが、脳の活動パターンにマッチして、１２０％のポテンシャルを発揮できます。

午前中は論理作業に向き、午後や夜は創造的作業に向く。この昼と夜の「脳の適性」を知ってから、私の仕事はかなり効率化しました。

少なくとも、夜に「本の執筆をする」という、労多く実りの少ない時間の使い方をすることはなくなりました。時間を非常に効率的に使えるようになったと思います。

私の場合は午後から夜にかけては、クリエイティブな作業にあてるようにしています。執筆であれば、「アイデア出し」「素材集め」など「コンセプトを温める」「コンセプトを生み出す」といった仕事にあてるようにしています。

映画を見るというのもそうですし、文章であれば論理的な文章ではなく、コラム的な文章やブログなどの日記的な文章は、夜に書いてもおもしろいものが書けたりします。あるいは、人と会ったり、話したりして、インスピレーションを受けるというのも、必ず昼食以後の時間帯にするようにしています。

1日を通して同じ仕事を淡々とこなさなければいけない、という人もいるかもしれませんが、そうでなければ午前中には「論理的作業」に重点を置き、午後からはアセチルコリンが活躍する「創造的作業」に重点を置いてみてください。これによって、あなたの仕事効率は飛躍的に向上するはずです。

睡眠時間に「ひらめき」を与えられる生活習慣

睡眠時間も、とても貴重なアイデア出しの時間

歴史上の有名な発見のいくつかは、寝ている間に起きています。

例えば、化学の教科書の裏表紙に載っていた「周期表」です。これを最初に発見したロシアの化学者メンデレーエフは、ある晩1人でトランプをしながら、宇宙の性質について考え込んでいました。そのうちに居眠りをしてしまうのですが、ハッと目が覚めると、宇宙にある全ての原子がどのような体系にあるのかを悟ったのです。目を覚ますやいなや、すぐにあの有名な周期表を書き上げました。

あるいは、ベンゼンの亀の甲型の構造式を発見したドイツの化学者ケクレ。彼は、ヘビが自分の尻尾を噛んで輪状になっている（ウロボロスの）夢を見て、「ベンゼン

ベンゼン環とウロボロス

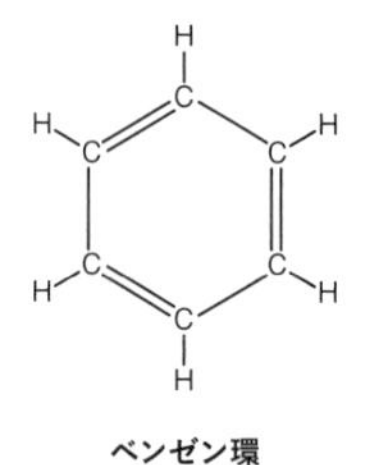

ベンゼン環

ウロボロス
尻を飲み込む蛇(龍)

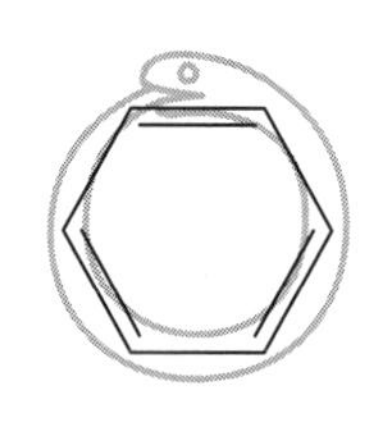
ウロボロスから
ベンゼン環の構造をひらめく

の六員環構造」を思いついたと言われます。

このように寝ている間に、あるいは夢によって、素晴らしい歴史的なアイデアが生まれたという逸話は多数あります。「彼らは天才だからできたのだろう」と思うかもしれませんが、私はそうではないと思います。

寝ている間に大発見ができることには、脳科学的な根拠があります。

睡眠は浅めのレム睡眠と深めのノンレム睡眠に分かれます。そして、レム睡眠のときに夢を見ます。このレム睡眠のときの脳波はシータ波が主体、つまり、アセチルコリンが活発に分泌されている状態なのです。

レム睡眠ではアセチルコリンが非常に優勢

となり、セロトニンやドーパミンなどのアミン系は最低レベルとなります。奇想天外な夢、あるいは現実にはあり得ない夢というのがよくあると思いますが、それはアミンによる論理的縛りから脳が解放された状態だからです。

さらに言えば、ひらめきは記憶とも関わっています。

睡眠中の80%をしめるレム睡眠では、無数のニューロンが絶えずパターンを変えながら、活発に電気信号のやりとりをしています。意外なことに、睡眠中も脳は活発に活動しているのです。このレム睡眠の間に「記憶の整理」が行われているのです。

朝にはきれいだった作業机も、1日が終わると、書類や本で机の上がゴチャゴチャになります。それを、寝ている間に脳は整理して、キレイに片付けているわけです。この作業の主役がアセチルコリン。先ほども書いたように、レム睡眠ではアセチルコリンが活性化しています。

アセチルコリンが活発に分泌される状態で、記憶と記憶が結びつけられ、関連づけられて整理され、それによって記憶の定着が促進されます。しっかり眠らないと、記憶の定着はしないわけです。いわゆる徹夜による一夜漬けの勉強というのは、勉強法としては最悪です。

この整理の過程で、関連性の薄い出来事や記憶がうまく結びつき、そこに意味を見いだすことができれば、ひらめきや発想ということになります。

歴史上の凄い発見が夢をヒントにしたり、睡眠から目覚めた瞬間に起きる、というのは脳科学的に言うと実に当然の結果と言えるのです。

天才たちのような凄い「ひらめき」を得る方法

天才ではない私たちも、素晴らしいひらめきを得たいものです。そして、睡眠中にひらめきを得ることは、私たちにも充分に可能です。

ひらめきというのは、「ゼロから素晴らしいアイデアが生み出される」ことではありません。単なる脳内での情報連結です。材料は、すでに頭の中にあるのです。

素晴らしい発想をするためには、たくさんの情報をインプットしておく必要があります。たくさんの本を読む。多くの情報を得る。いろいろな経験をする。数々の試行錯誤をする。それによって、ひらめきが得られるのです。

メンデレーエフもケクレも、あらゆる論文に目を通し、可能な全ての論理的な試行錯誤をくり返した上で、睡眠によって「論理の縛り」を外した。結果として、論理や常識を超えた素晴らしいひらめきを得られたということです。

あなたも多くの本を読み、情報をインプットしてください。ときには人との会話や映画や小説など、違った方向からのインプットが、ひらめきの材料になります。

また、ひらめいたその瞬間に、書き留めることも重要です。

ひらめきは神経細胞の発火（電気的活動）に過ぎません。わかりやすく言えば、花火がパッと輝くようなものです。輝いた瞬間に、すかさずシャッターを押さないと花火の写真が撮れないのと同じで、脳の中の神経の発火は、瞬時に消失してしまいます。ひらめきは記憶には残らないと思ってください。

素晴らしく楽しい夢を見て目覚めると、しばらくはハッピーな気分になりますが、すぐにその夢の細部が思い出せなくなります。夢もまた、単なる神経細胞の発火だからです。

悪夢は何日も記憶に残ることがありますが、これは恐怖に関連して、「アドレナリン」や「ノルアドレナリン」などの記憶増強物質が分泌されるからです。ほとんどの夢やひらめきは、数分で忘れてしまいます。

これは仕方ありません。脳とはそういうものなのですから。あらゆることを覚え続けていたら、脳は情報でパンクしてしまいます。入力された情報もひらめきも、99％以上は忘れ去られてしまいます。

ですから、ひらめいたらその瞬間に、必ずメモをとってください。そうしないと、どんなに素晴らしい発想も、歴史的な発見も忘れてしまいます。メモを習慣化すると、あなたのアイデアメモに、ユニークな着想、ひらめきがドンドン蓄積されていくはずです。

ひらめきを後押しする生活習慣

アセチルコリンを高めたければ、まず禁煙せよ！

「タバコを吸うと頭がスッキリとして、集中力がアップする。だから、喫煙は、仕事の効率をアップさせる」

そうした理屈を展開する人がよくいますが、医学的には完全に間違いです。タバコを吸い続けたいがための、自分に好都合な言い訳をしているに過ぎません。

アセチルコリンには、「ムスカリン受容体」と「ニコチン受容体」の2つの受容体があります。受容体とは脳内物質と結合して、その刺激を感知するスイッチのようなものです。そしてニコチンはご存じのように、タバコに含まれる主要な成分です。

タバコを吸うとニコチンは肺から吸収され、わずか7秒程度で脳内に到達して、ニコチン受容体と結合します。つまり、ニコチンがニコチン受容体と結合しても、アセチルコリンがニコチン受容体と結合するのと、同様の反応を引き起こすのです。ですから、タバコを吸うと頭がスッキリとして、頭にいいような気がします。

このように書くと、タバコの効果は素晴らしいと勘違いする人もいるでしょうが、早とちりしないでください。タバコを常用する人は、毎日タバコを吸うはずです。そうすると、脳内で大変なことが起きてきます。

タバコからニコチンを摂取して、アセチルコリン受容体を持続的に刺激していると、脳は「アセチルコリンが充分あるな」と勘違いします。アセチルコリンの生成をさぼるようになってしまうのです。

これが、タバコを続けるほどに進行していきます。結果として、「アセチルコリンが足りない状態」が普通の状態となります。その間も脳はアセチルコリンを生成しないわけですから、代わりに外部からニコチンを摂取しなくてはいけなくなります。これが「ニコチン依存症（タバコ依存症）」です。

タバコを吸うと「頭がスッキリとした」というのは、「アセチルコリンが足りていた頃の状態」すなわち「普通の状態」に戻っているに過ぎないのです。

しかも、ニコチン受容体と結合した、ニコチンは30分ほどで半減してしまいます。すぐにアセチルコリン不足の状態になり、イライラ、ソワソワしてきます。

ですから、30分とか1時間おきにタバコを吸って、外部からニコチンを補給し続けることで、「アセチルコリンのようなものがありますよ」と脳をだまし続けることを、ずっと続けていかないといけないのです。

こんな状態が、健康と言えるでしょうか？

ひと昔前には、喫煙がアルツハイマー病のリスクを低下させるという話がありましたが、現在ではこの学説は誤りであったことが認められています。大規模な疫学研究では、「喫煙によりアルツハイマー病の発症リスクは1・79倍に上昇する」という結果まで得られています。

喫煙が肺がんをはじめとして、各種疾患の発症率を高めて身体に非常な悪影響を与えることは、ご存じの方も多いでしょう。ですが、身体のみならず脳に対しても、タバコは悪影響を与えています。

喫煙は、あなたのアセチルコリン生成を阻害し、無用なイライラ感を惹起し、あなたの仕事効率を低下させる大きな原因となっているのです。

アセチルコリンとアルツハイマー病

これまで何度か、「アルツハイマー病」とアセチルコリンに関する大規模調査を紹介してきました。これは、両者が密接に結びついているからです。

アルツハイマー病は「認知症」の一型で、「アミロイドβ蛋白」が脳内に蓄積し、神経細胞死が誘発される病気です。このアルツハイマー病では、アセチルコリン系の機能低下が認められます。

アルツハイマー病の症状と言えば「物忘れ」、すなわち「記憶障害」が有名ですが、それ以外の症状として「認知障害」があります。その名のとおり、種々の認知機能の障害が認められるのです。記憶・学習、注意・集中、思考、視空間認知などの障害です。

アルツハイマー病（アルツハイマー型認知症）の治療薬として、「ドネペジル（アリセプト）」という薬があります。わかりやすく言うと、アセチルコリンを増やす薬です。ドネペジル投与によって、患者の認知機能の改善が認められます。そのことからも、認知機能とアセチルコリンが深く関係していることがわかります。

ドネペジルを飲むとアセチルコリンが増えるということは、アルツハイマー型認知症ではない普通の人が飲めば、アセチルコリンが増えて「認知機能」がアップすると思う人がいるかもしれません。ですが、残念ながらそうはなりません。

ドネペジルは、単にアセチルコリンの分解を阻害する薬です。アセチルコリンの分解を遅らせて、アセチルコリンの効果を高めるのです。アセチルコリンの生成や分泌自体を増やすわけではないので、アルツハイマー型認知症でない人がドネペジルを飲んでも、目立った効果は得られません。アセチルコリン系の働きが病的に低下している人が飲んではじめて効果が得られる薬なのです。

それよりも生活習慣を変えて、アセチルコリンを増やすべきです。

アルツハイマー病の予防に最も効果的な生活習慣は、「運動」です。

フィンランドの1500人に対する前向き研究では、週2回以上運動する人は、そうでない人に比べて認知症になる確率が50%以上低い、という結果が出ています。

週2回、1回20分以上の有酸素運動によって、アルツハイマー病のリスクを60％以上減らすことができる、という研究もあります。その他の多くの研究が、定期的な有酸素運動が、アルツハイマー病を予防することを支持しています。

実際、認知症の患者さんを診ていても、何年もかけてゆっくりと進行していた物忘れが、患者さんが歩けなくなり寝たきりになってから、急速にひどくなってしまうケースをよく観察します。運動できなくなったことで、進行が早まったわけです。

歩行などの有酸素運動によって、脳内の「コリン作動性神経（アセチルコリンを伝達物質として使用する神経）」が働き、大脳皮質や海馬でアセチルコリンの放出量が増加して、血流が増えます。さらに、脳内コリン作動性神経が活性化されるため、大脳皮質の毛細血管が拡張し、閉塞した脳血管の血流の低下が軽くなって神経細胞が虚血による死滅から保護されるのです。

だからこそ、老人の運動というのは非常に重要な意味をもつのです。もちろん若い人においても、適度な有酸素運動は重要です。運動によって、アセチルコリンやドーパミンなどの分泌が促進され、脳が活性化されることがわかっています。

運動は、認知症予防になる。では、どのくらい、どんな運動をしたら良いのか？

姿勢良く、速歩で行う散歩（ウォーキング）を、1日20分するだけで、認知症の予防効果は得られます。スマホを見ながら、猫背で、ゆっくり歩くようなウォーキングでは、健康に良い運動効果は得られなくなってしまいます。

また、毎日20分の散歩に加え、中強度の有酸素運動を週に150分以上行うと、認知症予防効果はさらに高まります。中強度の運動によって、「脳の肥料」と呼ばれるBDNF（脳由来神経栄養因子）がたっぷり分泌されるからです。

「卵かけご飯と豆腐入りのお味噌汁」がひらめきを生む？

アセチルコリンの原料となる「レシチン」が不足すると、アセチルコリンが充分に生成されません。アセチルコリンを活性化させるためには、レシチンをきちんと食事から摂取することが大切です。

脳によいと言われるサプリメントを摂取しても、「血液脳関門」という脳の関所によってせき止められ、脳に充分に移行しないことがよくあります。ただ、レシチンは脳内への移行性が高いため、食事で摂取されたレシチンは脳に移行し、アセチルコリンの原料となります。

ただし、レシチンの入った食品を2倍とれば、アセチルコリンが2倍作られるわけではありません。必要量のレシチンが不足状態になると、アセチルコリンが充分に作られない可能性があるので、不足しないように注意しようということです。こうしたお話は、他の脳内物質と食事のお話でもしましたね。

レシチンを多く含む食材は卵黄と大豆です。穀類（特に玄米）、レバー、ナッツなどにも含まれます。つまり、「卵かけご飯と豆腐入りのお味噌汁」といった古典的な日本の朝食を食べていれば、レシチンはそうそう不足するものではありません。

また、レシチンには「乳化」という非常にユニークな作用があります。これは油を溶かす作用です。カレーに隠し味で豆乳を入れると、非常に味がまろやかになるのですが、油の浮いたスープに豆乳を入れると、表面の油膜がスープ全体に溶け出してなくなるのがわかります。大豆を原料とする豆乳は、レシチンが豊富です。

レシチンはその乳化作用によって、血管壁に付着したコレステロールを溶かして動脈硬化を防ぐ働きがあります。肝臓の脂肪を分解するので、脂肪肝を予防する効果もあります。レシチンは、成人病予防にも非常に効果のある栄養素ですので、積極的に摂取したいものです。

昔ながらの日本の食事をしていれば、レシチンは日常的に補給されています。ただ、最近の若い人の偏食傾向を考えると、不足している人もいるかもしれません。注意したいものです。

風邪薬のおそろしい副作用

アルツハイマーの治療薬であるドネペジルとは逆に、アセチルコリンを減らす薬もあります。風邪薬、鼻炎薬、下痢止め薬などに含まれる「ジフェンヒドラミン」や「スポコラミン」といった成分です。これらの成分は、「抗コリン作用」を持ちアセチルコリンを抑制します。

風邪薬を飲んだら頭がボーッとして何もできなくなった。とても眠たくなったという経験は、あなたにもあるかもしれません。アセチルコリンが抑制された結果、出てきた症状と考えられます。

「風邪の症状が少しあるから、念のために風邪薬を飲んでおこう」

そんな風に思って、アセチルコリンを抑制する成分を含む風邪薬を飲んでしまうと、脳が充分なパフォーマンスを発揮できなくなります。

ですから、重要なプレゼンや試験直前などは、風邪薬の服用は注意が必要です。風邪を治すためには、免疫力を高めることが肝心です。そのためには、休養や充分な睡眠こそが、最も効果があります。

風邪薬によって認知機能（思考力、判断力、集中力など）が下がりますので、車の運転などは当然するべきではありません。注意力低下による、追突事故を起こす危険性があります。

風邪薬の添付文書に、自動車の運転や機械類の操作は控えるようにと書かれているものがありますが、その理由もアセチルコリン抑制による認知機能低下と関係しています。

また風邪薬には、鼻水を止める目的で「抗ヒスタミン作用」を持つ成分が入っていることもあります。こちらも、頭をボーッとさせ、眠気を引き起こす副作用が強いので注意が必要です。風邪薬を飲まなければいけないようなら、家でゆっくり休みましょう。

Chapter 6 Summary

まとめ

- □ 脳内物質・アセチルコリンは認知機能とひらめきに深く関わっている
- □ やる気が出ないなら、まず始めること。「作業興奮」によってやる気が湧いてくる
- □ 26分間の仮眠で脳の効率は34％も改善する
- □ 「運動」は脳を活性化する最も簡単な方法
- □ シータ波を出すとひらめきが生まれやすくなる。シータ波を出すためには、「外に出る」「仮眠する」「座ったまま手足を動かす」「好奇心を刺激する」
- □ アイデアを出したければ「創造性の４Ｂ」（Bar、Bathroom、Bus、Bed）を意識する
- □ 脳には時間ごとに適性がある。午前中は論理作業に向き、午後や夜は創造的作業に向く
- □ 喫煙を続けるとアセチルコリンが生成されなくなる
- □ アセチルコリンの原料であるレシチンを、卵黄や大豆から補給しよう

7

エンドルフィン仕事術

「脳内麻薬」を味方につける
究極の仕事術

「極限状況」でパワーを得る

格闘技選手が、痛みを顔に出さない本当の理由

ボクシングや総合格闘技の試合で、選手が猛打を受けて顔が腫れ上がり、骨でも折れているのではないかと心配になるような状態を目にします。それでも選手は、全く痛そうな顔もせず、果敢にファイトを続けます。

格闘技選手は精神力が鍛えられているから激痛にも耐えられる……というわけではありません。重傷を負った患部は、我慢できないほどの激しい痛みをともないます。そうした患部にパンチを受ければ、普通は耐えられないでしょう。

興奮状態で「アドレナリン」が分泌されることは、すでに第3章で述べました。アドレナリンにも鎮痛作用はありますが、骨折などの激痛を抑えるほどではありません。本来なら我慢できないほどの激痛でも、表情に出さずに闘い続けられるのは、「エンドルフィン」のおかげです。

エンドルフィンは、強力な鎮痛作用を持つ脳内物質です。「モルヒネ」の6・5倍もの鎮痛作用を持ちます。モルヒネといえば麻薬の一種であり、末期癌患者などの激しい疼痛など、医療でも使用される鎮痛剤です。その何倍もの鎮痛作用を持つ物質が、私たちの脳内で分泌されるのです。

エンドルフィンは脳で作られ、大きなストレスがかかったときに分泌され、鎮痛効果を発揮します。これを「ストレス鎮痛」と言います。

ストレスに反応して脳下垂体より分泌したエンドルフィンは、大脳皮質、視床、脊髄などに分布する「オピオイド受容体」に結合し、鎮痛作用の他、胃腸運動の減少、縮瞳、多幸感、徐脈、神経伝達物質の抑制作用などの機能を担います。

このオピオイド受容体は、モルヒネやヘロインなどの麻薬とも結合します。オピオイド受容体があるがゆえに、麻薬の「多幸感」や「恍惚感」にとりつかれて、麻薬中毒になる人たちもいます。

そんな危険な受容体が、私たちの脳の中に存在しているのは、なんだか不思議な気がします。ですが、これは因果関係が反対なのです。

麻薬のためにオピオイド受容体があるのではなく、最初から人間の体内には、麻薬によく似た物質が存在していたのです。その一つが、エンドルフィンです。

エンドルフィンの分泌でも、モルヒネを投与したときと同じように、「多幸感」「恍惚感」が表れます。それゆえにエンドルフィンは、「脳内麻薬」とも呼ばれます。

エンドルフィン（endorphin）という名前からして、内因性を表す「エンド」とモルヒネのルヒネにあたる「ルフィン」をつないで作られています。エンドルフィンとは、自分で分泌するモルヒネ様物質、「内因性モルヒネ」という意味なのです。

アヘンに含まれるモルヒネは、たまたまエンドルフィンと類似した構造を持ち、オピオイド受容体と結合してエンドルフィンと同様の効果を発揮することができました。そのおかげでモルヒネや、そのモルヒネから作られるヘロインなどが、麻薬として使われるようになってしまったわけです。

また、単なるエンドルフィンではなく、「βエンドルフィン」という言葉を耳にすることもあるかもしれません。

エンドルフィンは、「α」「β」「γ」の3種類があります。このうちβエンドルフィンは、苦痛除去のときに最も分泌されます。つまり、βエンドルフィンは、鎮痛作用が強いエンドルフィンの一種のことです。

本書ではβエンドルフィンも含めて、「エンドルフィン」ということでまとめて記載させていただきます。

「マッチ売りの少女」が「幸せな夢」を見た理由

アンデルセン童話「マッチ売りの少女」は、日本人にも広く知られています。私はあの物語を、単なる子供向けの作り話とは思っていません。何らかの事実、事件をもとにした、実話ではないかと見ています。改めて振り返ってみると、このような物語です。

年の瀬も押し迫った大晦日の夜、小さな少女が一人、寒空の下でマッチを売っていました。マッチを売り切るまでは家には帰れませんが、マッチはほとんど売れません。

夜も更け、少女は少しでも自分を暖めようとマッチに火をつけました。マッチの炎と共に、暖かいストーブや七面鳥などのごちそう、飾られたクリスマスツリーなどの幻影が一つ一つ現れ、炎が消えると同時に幻影も消えました。

次のマッチをすると、大好きな祖母の幻影が現れました。

マッチの炎が消えると、祖母も消えてしまうことを恐れた少女は、慌てて持っていたマッチ全てに火をつけました。祖母の姿は明るい光に包まれ、少女をやさしく抱きしめながら、天国へと昇っていきました。

新しい年の朝、町の人々が見つけたのは、マッチの燃えかすを抱えて幸せそうに微笑む、少女の小さな屍(しかばね)でした……。

マッチ売りの少女は、凍死寸前の状態で「幸せな幻」を見て、幸福感に包まれたまま天国へと旅立ちました。なぜ少女は、最後に幸せな夢を見られたのでしょうか?

あくまでも物語ですから、正解もなにもありませんが、私はエンドルフィンの働きだと思います。

脳内麻薬であるエンドルフィンには「覚醒作用」があります。注意力、集中力を高める作用ですが、これが強く出すぎたときに「幻覚」が出ます。

生きるか死ぬかのギリギリの状態、つまり極度のストレス状態で、多幸感と幻覚が表れたということは、少女の脳内でエンドルフィンが分泌されていた疑いが非常に強いのです。実際、こうした限界状況でこそ、エンドルフィンは分泌されます。

苦しいのに幸せを感じるランナーたち

極限状態といえば、「ランナーズハイ」という言葉もあります。マラソンなどの長時間のランニングの際、経験することのできる陶酔状態のことです。

マラソンは非常に苦しいものです。しかし、長距離を走っていると、あるときを境に苦しいはずの身体が軽くなり、気分も爽快になります。そして、気分が高揚し、やがて強烈な幸福感につつまれる体験をします。これがランナーズハイです。

エンドルフィンの機能を説明するときも、ランナーズハイの例がよく引き合いに出されます。ランニングの苦しい状況が、エンドルフィンの効果によって、その苦しさが軽減され、やがて多幸感に包まれるようになるというわけです。

ホノルルマラソンに毎年のように参加している、マラソン好きの友人が言いました。

「マラソンは一度完走すると癖になるよ。その充実感というか、達成感、満足感が凄いんだ。それでまた、マラソンをどうしても走りたくなるんだ」

ランナーズハイの原因がエンドルフィンだとすれば、マラソンが「癖になる」理由もわかります。

ランナーズハイの原因が、エンドルフィンの分泌であろうことは、以前より指摘されていました。ランニングや高負荷の有酸素運動の後に血中のエンドルフィンが増加することは多くの研究データが示しています。

しかし、それが脳のオピオイド受容体に結合しているのかに関しては、なかなかハッキリとしませんでした。それが2008年、ミュンヘン工科大学の研究グループが核イメージング（放射線物質を使って画像化する方法）により、「ランナーズハイをもたらすエンドルフィン」の存在を初めて画像化することに成功しました。これは長距離走中に、エンドルフィンの産生が増加し、脳内の受容体と結合している有力な証拠と言えます。

「静かな癒し物質」としてのエンドルフィン

リラックスした状態でも、エンドルフィンは分泌する？

ここまで読むと、エンドルフィンという物質が存在している理由が、なんとなくわかるのではないでしょうか。

ケガや病気やランニング、その他のストレスによって引き起こされる「痛み」や「苦しさ」。それを「幸福」に転換し、ストレスから心と身体を守ってくれる物質がエンドルフィンです。エンドルフィンは、「究極のストレス解消物質」と言えるでしょう。

エンドルフィンの生成過程を見ると、ストレス解消物質としての特徴が、より明確になります。βエンドルフィンの前駆物質は「プロオピオメラノコルチン」という糖タンパク質です。

この物質からプロセッシングという断片化の過程を経て、βエンドルフィンや「ACTH（副腎皮質刺激ホルモン）」「βリポトロピン」などのホルモンが作られます。

ACTHについては、第3章の「アドレナリン仕事術」でも説明したように、副腎皮質を刺激し、ストレスホルモンである「コルチゾール」の分泌を促すホルモンです。ACTHもエンドルフィンも、ストレスに応答して分泌されて、ストレスと戦う「ストレス解消ホルモン」です。

ただ、両者は役割がやや異なり、ACTHは主に「身体的ストレスの解消」に、エンドルフィンは主に「精神的ストレスの解消」を担っています。


また、エンドルフィンは過度のストレスがかかった限界状況において分泌されると言いましたが、実はそうではない場面でも分泌しています。それは、「癒された」「リラックスした」と感じられる瞬間です。

癒しで思い出されるのが、ペットによる癒しです。仕事が終わって帰宅し愛犬や愛猫と戯れる瞬間に癒しを感じる人も多いのではないでしょうか。ある研究によると、

エンドルフィンの主な機能

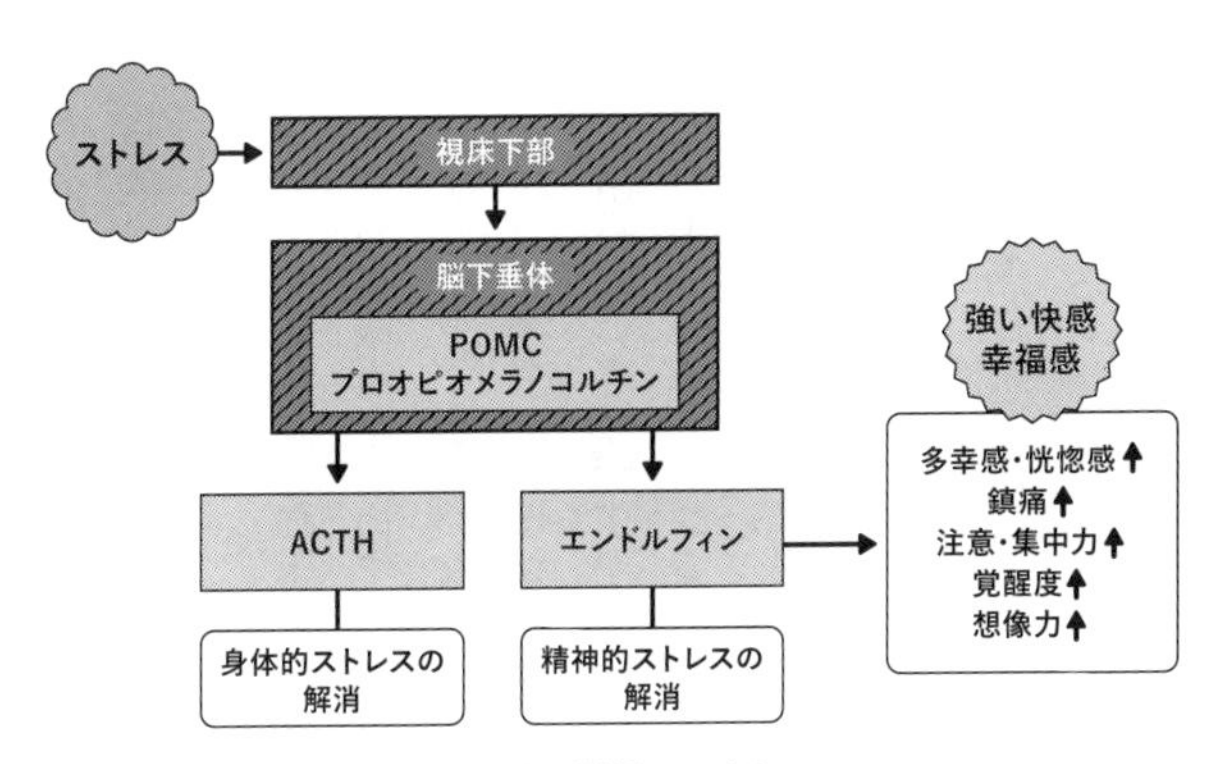

注）わかりやすく説明するために実際の機能を単純化しています。

犬愛好家と犬の「さわる」「なでる」といった親密な触れ合い行動によって、人と犬との両方で血中のエンドルフィン濃度が上昇する、というデータがあります。

心と体がリラックスした状態で、脳のアルファ波が出やすくなります。そしてアルファ波が出ると、エンドルフィンが分泌されます。ストレスがかかった状態だけではなく、リラックスした状態においても、エンドルフィンは分泌されるのです。

癒し物質としての一面を持つエンドルフィンは、過度のストレス状態には、それを緩和させるために分泌されます。

逆に心穏やかなリラックスした状態でも分泌されます。全く正反対の状況で分泌されるものの、目的は同じなのです。

エンドルフィンは幸せ感を与えてくれます。脳を休め、注意・集中力、記憶力、創造性など、多くの脳機能を高めてくれます。

瞑想や座禅をすると、きれいなアルファ波が出ます。瞑想の状態というのは、心は平静で静まり返った状態でありながら、集中力や注意力は高まって意識は研ぎ澄まされ、ときに素晴らしいアイデアが生まれたりします。それこそが、エンドルフィンが出ている状態の1つのイメージであり、エンドルフィンによる癒し効果と脳の活性化効果が得られた状態、と言えると思います。

また、エンドルフィンは心を休める効果のみならず、免疫力を高め、身体の修復力を高める効果もあります。さらに癌と戦う免疫機能を担う「NK活性」を高めるという作用もあり、抗癌作用も確認されています。

心を癒すのみならず、身体も癒す。エンドルフィンはメラトニンとならび、「究極の癒し物質」と言えるでしょう。メラトニンは「睡眠」と関連して癒し効果を発揮しましたが、エンドルフィンは「リラックス」と関連して癒し効果を発揮するわけです。

アルファ波を出して「エンドルフィン休息術」を実践

癒し物質エンドルフィンの分泌を促すには、アルファ波を出せばいいことはわかりました。それでは、どういうときにアルファ波は出るのでしょうか？

具体的にはアルファ波は、以下のような場面で出ます。

・クラシック音楽を聴いているとき
・好きな音楽を聴いているとき
・川のせせらぎを耳にするとき
・海や紅葉といったキレイな風景を見たとき
・大好きなおいしいものを食べたとき
・風が心地よいとき
・アロマのいい香りをかいだとき

・目を閉じ安静にし、リラックスしているとき
・1つのことに集中しているとき
・心の状態が平静なとき
・瞑想、ヨガ、座禅をしているとき

要するに、「癒しの時間」を持つことで、アルファ波が出やすくなり、さらにはエンドルフィンが分泌するわけです。

ただ、言葉で言うのは簡単ですが、癒しの時間を持つというのは、実行するのはなかなか難しいものです。仕事が終わって家に帰っても、スマホやゲームくらいしか娯楽がない人も多いでしょう。第3章の「アドレナリン仕事術」でも書いたように、交感神経を優位にする興奮系の娯楽は、寝る前の時間の過ごし方としては不適切です。

スマホを手放し、音楽を聴きながらソファーで愛犬とたわむれる。こんな弛緩した時間が、あなたの心と体を真に癒してくれます。その意味では、リラックスしてエンドルフィン分泌を促すことは、「エンドルフィン仕事術」というより、「エンドルフィン休息術」と言ったほうがいいかもしれません。

「快」刺激でドーパミンとエンドルフィンをダブル分泌！

物理的に「気持ちいい」と思うことも大切

ストレスに直面したときやリラックスしたときに加え、物理的な「快」刺激によっても、エンドルフィンは分泌します。

これまでお話しした脳内物質では、「快」刺激では「ドーパミン」が分泌し、ストレスなどの「不快」刺激では「ノルアドレナリン」が出ていました。それに対してエンドルフィンは、「快」刺激でも「不快」刺激でも、どちらでも分泌する不思議な物質です。

人間は「快」刺激を得ることで、ドーパミンと一緒にエンドルフィンが出やすくなります。両者が一緒に出ると、快感、幸福感の増強効果があります。この効果は、足し算どころかかけ算です。ドーパミン単独の10～20倍の快感、幸福感が得られると言います。エンドルフィンには「快感増強剤」と言うべき顔もあるわけです。

最もいい例は、性行為です。性行為はおそらく、人間が経験する最も強い快感の1つと言えるでしょう。性行為によって、ドーパミンに加えてエンドルフィンが分泌され、圧倒的な快感をもたらしてくれます。


また、ドーパミンを制御する仕組みとして「GABA神経」があります。エンドルフィンはこのGABA神経を抑制します。ドーパミンを抑制するGABA神経を抑制することで、ドーパミン遊離を促進するのです。

エンドルフィンの働きによって、同じ快刺激に対しても、ドーパミンがドパッと出ると思ってください。バカボンパパの「反対の反対は賛成なのだ」という言葉どおり、抑制の抑制は促進作用となるわけです。

こうしたことから、リラックスしてアルファ波を出す方法とは別に、物理的な快刺激でエンドルフィンを出す方法もあります。

物理的にエンドルフィンを出す6つのテクニック

①運動

ランナーズハイで説明したように、「走る」ことでエンドルフィンは分泌されます。もちろんそれ以外の運動でも、エンドルフィンは出てきます。特に中度〜高度の運動負荷が持続して、多少息苦しさがでるような状態で出やすくなります。

ある研究によると、15分の有酸素運動（自転車のペダル踏み）によって、血中のエンドルフィン濃度が有意に増加するとともに、アルファ波の出現率の増加が観察されました。運動でエンドルフィンが活性化する証拠です。

運動ではエンドルフィン以外にも、ドーパミン、セロトニン、成長ホルモンなどさまざまな物質が分泌されますが、適度の有酸素運動は、脳の癒しや活性化にプラスに働くことは、多くのデータが示しています。

②激辛料理を食べる

激辛カレーを食べているうちに、汗がどっと流れ、そのうち恍惚感に支配された、という経験はないでしょうか？

これは、エンドルフィンによる恍惚感と考えられます。

唐辛子には「カプサイシン」という成分が含まれています。これは辛さ成分そのものので、カプサイシンが多く含まれている唐辛子ほど辛くなります。

カプサイシンは口腔粘膜細胞の受容体と結合すると、その受容体から神経シグナルが発生します。それが脳の神経細胞を刺激することで、エンドルフィンやノルアドレナリンが分泌されます。「辛味」は「痛み」と紙一重ですので、辛さ刺激（＝痛み刺激）に対する鎮痛効果を発揮させるために、エンドルフィンが分泌するという説もあります。

また、カプサイシンは代謝を高めるので、汗を出してエネルギーを消費させます。このときノルアドレナリンの効果によって交感神経が興奮し、血糖値や心拍数が高まり、血圧が上昇して、体温が上がります。カプサイシンには脂肪分解作用もありますので、ダイエットにもよいといわれます。

激辛カレーでエンドルフィン分泌。手軽にできるストレス解消法といえるでしょう。

〈3〉油っぽいものを食べる

私はもともと札幌出身で、2007年から東京に住んでいるのですが、東京のラーメンはコッテリとしたものばかりで辟易します。

昔は東京ラーメンと言えば、「中華そば」というさっぱりラーメンが主流だったはずが、最近ではコッテリ、ギトギトの油ギッシュなラーメン屋ばかりになってしまいました。しかもコッテリしている店ほど人気があったりします。

なぜ東京の人は、こんなにもコッテリ系のラーメンが好きなのか？　私はそれに対して、ある説を持っています。いわば「ラーメン＝ストレス解消説」です。

京都大学の研究グループの興味深い実験があります。ラットの空腹時に濃度5％のコーン油を与えたところ、油の摂取量はどんどん増えて、5日目に約2倍、ＰＯＭＣ（エンドルフィンの前段階の物質）は約1・7倍になりました。

さらに5日間食べ続けたラットに、油の飲み口を近づけると、それだけでＰＯＭＣは約2・5倍になりました。「油脂を飲める」と期待しただけでも、分泌が盛んになる予兆が観察されたのです。

このとき、ラットのエンドルフィンの体内濃度は、油を飲んだ直後は血中濃度で約

1・5倍、脳脊髄液濃度では約1・8倍にも上昇していたのです。油脂を多く含む食品を食べると、エンドルフィンが分泌されるということです。

エンドルフィンにはストレス解消効果がありますから、ストレスの多い東京人は無意識に油っぽいものを求めるようになり、安価でどこでも食べられるコッテリラーメンに人気が集まったのではないか……。私はそう思っています。

コッテリラーメンでストレス発散は、決して悪いことではありません。ただ、コッテリラーメンはかなり高カロリーです。1000キロカロリーを軽く超えますので、食べすぎにはご注意ください。

④ チョコレートを食べる

「チョコレートを食べると至福感に包まれる」という人もいるでしょうが、確かにチョコレートを食べるとエンドルフィンが分泌されます。

ある実験によると、身体的にストレス状態にあるラットに、チョコレートの原料であるカカオ・ポリフェノールを与えたところ、エンドルフィンの濃度が高まるとともにストレスへの抵抗力が強まった、というデータがあります。

疲れたときに無性にチョコレートを食べたくなることがありますが、それもまた疲労回復、ストレス解消の方法としてはありなのでしょう。

〈5〉熱い風呂、サウナに入る

入浴にリラックス効果があることは、誰でも知っているでしょう。では、あなたはぬるま湯派ですか？　それとも熱湯派ですか？

熱い風呂に入ると、脳からエンドルフィンが分泌されます。42度以上の熱い風呂に入ると肌がピリピリしますが、おそらくその「痛み」を感じさせなくするために、鎮痛作用のあるエンドルフィンが分泌されるのでしょう。

熱い風呂でエンドルフィンが出ることも、1つのストレス発散法です。ただ、熱湯風呂は血圧を上昇させ、心臓などの循環器系に負担をかけますから、ほどほどにしておきましょう。

また最近、人気が高まるサウナ。高温のサウナと水風呂をくり返すサウナ浴でも、エンドルフィンの分泌が報告されています。

6 鍼治療

鍼治療を受けたことがある人は、「鍼によって痛みが軽くなった」「疲れがとれた」といったリラックス効果を経験していると思います。その理由の1つは、鍼治療によってエンドルフィンが分泌するためです。

ある実験によると、手の「合谷」(ツボ)に刺した鍼への低周波通電によって、通電前と比べて、血中エンドルフィン濃度が、約2・4倍に増加しました。

中国では鍼による鎮痛効果を利用した「鍼麻酔」の研究が進んでおり、実際に鍼麻酔を使った手術も行われています。

こうした物理的な快刺激によるエンドルフィン分泌は、てっとり早くストレス解消効果が得られます。反面、過剰にやりすぎるのもよくないでしょう。

エンドルフィンによる癒しは、「リラックスによる癒し」と「快刺激による癒し」の2パターンがあるわけですが、それぞれをバランスよく楽しみながら、ストレス発散していけばいいと思います。

エンドルフィンで「究極の集中力」を手に入れる

ビジネスパーソンの理想の状態が実現する！

ここまでは、リラックスと「快」刺激でエンドルフィンを分泌させ、脳と身体を癒すテクニックを紹介してきました。これらは素晴らしいものですが、これだけだと休息術で終わってしまい、「エンドルフィン仕事術」とは言えません。

エンドルフィンは使い方次第で、あなたの仕事に強烈に役立ちます。これからは、そのための方法をお話ししていこうと思います。

エンドルフィンが適量分泌されたとき、脳に及ぼすプラスの効果としては、以下の4つが代表的なものです。

① ストレス解消
② 記憶力アップ
③ 想像力アップ
④ 集中力・注意力アップ

アドレナリンが分泌されると記憶力が増強されることは、第3章の「アドレナリン仕事術」でお伝えしました。情動が刺激されると、記憶に残りやすいのです。

エンドルフィンにも同様の「記憶増強作用」があり、分泌されたときの出来事の記憶は、脳に深く刻まれます。そして、エンドルフィンが大量に出るときというのは、「非常に苦しい体験」か「非常に心地よい体験」をしたときのどちらかです。

あなたの人生を思い出しても、思い出されるのは「すごくつらいこと」か「すごく楽しいこと」のどちらかだと思います。

極端な苦痛か極端な快楽があると、記憶に残りやすいのです。

エンドルフィンは、シナプスの活動電位を上げ、シナプス結合を増やす方向に働きかけます。結果として記憶力の向上に働きますし、さらに想像力や集中力アップの効果ももたらします。

仕事中に意識的にエンドルフィンを出せれば、集中力は高まり、想像力が高まり素晴らしいアイデアが浮かび、おまけに物覚えまで良くなってしまうわけです。ビジネスパーソンにとって、理想的とも言える状態ではないですか！

未体験の世界に突入する「フロー状態」

エンドルフィンと仕事について考えるとき、「フロー」という言葉が参考になると思います。心理学者のチクセントミハイによって提唱された概念です。

「1つの活動に深く没入しているので他の何ものも問題とならなくなる状態、その経験それ自体が非常に楽しいので、純粋にそれをすることのために多くの時間や労力を費やすような状態」

こうした状態がフローです。「絶対的な集中状態」とでも言いましょうか。

もっとわかりやすく言うと、すさまじい集中力が発揮されていて、その状態が楽しく深く没入している状態でありながら、頭脳はきわめて明晰で、その状況や活動を自分でコントロールできる状態です。

このフローには、「時間感覚のゆがみ」が伴います。「あっという間に時間が過ぎる」あるいは「時間が止まったように感じられる」という感覚になるのです。スポーツ選手などが、すごい記録を達成したときに、フローを思わせる体験を語ることはよくあります。

ここまで読むと、エンドルフィンが分泌された状態と、フローが酷似していることにお気づきでしょう。実際、両者が関連しているだろうと推測する脳科学者や心理学者はたくさんいます。

提唱者であるチクセントミハイは、ランナーズハイもフローの一型であると考えているようです。「長距離走だけでなく、多くのスポーツ競技にはランナーズハイと似た快楽的状態に到達する時間があり、それはフロー（流れるような気持ちよさ）と表現するのがよい」と言っています。

私も本の執筆をしているときに、しばしばフローを経験します。

圧倒的な集中状態。次々とアイデアが浮かび、文章も流れるように浮かんで、普段の自分からはありえないパフォーマンスが発揮されます。

疲れ知らずで、数時間があっという間に過ぎ、原稿用紙50枚以上を苦もなく1日で書き上げてしまうのです。それも圧倒的に楽しい気分に支配されながら。

その瞬間が楽しくて楽しくてしょうがないので、「もっと書こう」とモチベーションが上がりまくります。これは非常に強烈な快感です。これがおそらくフロー状態であり、エンドルフィンも出ているのではないか、と想像しています。

「異次元のパフォーマンス」を体験しよう！

こうした「フロー」に入ることができれば、圧倒的なパフォーマンスで仕事を片づけることができます。スポーツをしている方の場合は、自己記録を更新したり、実力以上の結果を出したりできるかもしれません。

チクセントミハイはフローを生むための準備過程として、以下の5項目を挙げています。

ⓐ全体目標を設定し、現実的に実行可能な多くの下位目標を設定すること
ⓑ選んだ目標に関して進歩を測る方法を見つけること
ⓒ今、していることに対する注意の集中を維持し、その活動に含まれるさまざまな挑戦対象をさらに細かく区分すること
ⓓ利用し得る挑戦の機会との相互作用に必要な能力を発達させること
ⓔその活動に退屈するようになったら、困難の度合いを高め続けること

ただこれだと、日常的な仕事の場面で、具体的に何をすればいいのか少々わかりづらいと思います。そこで私のフロー体験を踏まえて、「日常的な仕事の場面でフローを生むための準備過程」についてまとめたいと思います。

①長期目標と短期目標を設定する
②今日やるべきことを「ＴｏＤｏリスト」に落とし込む
③ＴｏＤｏリストへの落とし込みは、可能な限り詳しく行う
④ＴｏＤｏリストの各項目に制限時間、または終了時間の目安を書き込む

⑤終了したらＴｏＤｏリストを斜線で消して、進捗状況を把握する
⑥チャレンジの精神を大切にする
⑦適度な難易度の課題を設定する
⑧仕事に必要なスキルを日頃から磨いておく

このように書き出してみると、見たことがある項目が続きます。①から⑦は、第1章の「ドーパミン仕事術」とほとんど同じです。ドーパミンが分泌したときに、エンドルフィンが出やすいことを考えると、それは当然とも考えられます。

それでは、すでに説明した「ドーパミン仕事術」と、エンドルフィンを活用した「フローを生むための準備過程」では、何が違うのでしょうか?

チクセントミハイは、フローに入りやすい人たちの例として、職人、料理人、流れ作業の職工などを挙げています。

これらに共通する特徴は、仕事の段取りを完全に把握していることです。「次に何をやろうか?」「次に、すべきことは?」ということを、いちいち考えない。「これが

終わったら、これ」という作業や仕事の流れが、詳しい工程表のように決められている。あるいは、無意識に身体で全て記憶している人たちです。

実は、「次に何をやろう?」という疑問が、一番集中力を妨げるのです。脳の集中力が高まり、作業効率がアップしている状態で、「次に何をやろう?」という考えが浮かぶと、集中の糸は切れてしまいます。集中力がリセットされてしまいます。

ですから、「次に何をやろう?」ということをいちいち考えずに、流れるように作業に没頭できるように、自分がすべき仕事を「ToDoリスト」として書き出しておく。

これが普通のビジネスパーソン、デスクワークを主とする人たちが、フローに入るために必要な条件だと思います。

「ありがとう」という気持ちが、あなたを高みに引き上げる

「感謝」は最高の成功法則

自己啓発書を読むと、必ずと言っていいほど、「成功者は感謝の心を忘れない」「感謝の心を持つことこそ、最高の成功法則」といったことが書かれています。

「ラクに生きてる人って、感謝が多い。イヤなことにも感謝する。もちろん、よかったことも感謝する」

これは斎藤一人さんの言葉ですが、感謝の大切さを端的に表現しています。私も感謝の大切さを実感して、常に感謝の心を忘れないように実践しているところです。

なぜ「感謝の心」を持てる人が成功するのか？

その理由は、人に感謝するとエンドルフィンが分泌されるからです。

人に感謝するときも、人から感謝されるときも、人間は幸福感を抱くのです。

NIH（アメリカ国立衛生研究所）の研究グループは、ボランティア活動をしている人の脳は「報酬」を受けたときの脳と同じ活性パターンを示すことを、核イメージによる研究で明らかにしました。

確かにボランティア活動をする人は、ボランティア活動をしない人に比べ、モチベーションが高く、活動的で、達成感や幸福感を強く感じています。さらに心臓疾患の罹患率が低く、平均寿命が長いのです。その理由は、ボランティア活動によってエンドルフィンが分泌されるためであるという研究があります。

私もボランティア活動に取り組んでいる人から、「ボランティア活動はとても楽しいです。人から感謝の言葉をかけられることが、こんなにうれしいことだとは、ボランティアをはじめるまで気づきませんでした」という話を聞いたことがあります。

また感謝されるというのは、人からほめられるのと同様に、精神的な報酬です。ドーパミンも一緒に分泌されます。

人に感謝する。人から感謝される。あるいは、人の役に立つ。人に貢献する。そういう瞬間に「報酬系」の扁桃体が刺激され、ドーパミンやエンドルフィンを分泌させるように働くのです。人に感謝すること。そして人から感謝されることが、成功を引き寄せることは、科学的にも裏づけられているわけです。

仕事を頼まれたときの姿勢で、仕事効率は大きく変わる

居酒屋『庄や』に行ったことはありますか？『庄や』で店員にオーダーをすると、店員は元気よく次のように言います。

「はい、喜んで！」

最初は、ちょっと違和感がありますが、慣れるとそれもなくなります。店員に元気よく答えてもらうと、こちらも楽しい気持ちになってきます。

仕事を頼まれたときに「喜んで」するというのは、脳内物質仕事術的にも正しい対応と言えます。何か仕事を頼まれたときに、それを感謝の気持ちとともに「喜んで」受けるとエンドルフィンやドーパミンが分泌されるからです。

エンドルフィンはドーパミンの作用を増強しますから、両者が一緒に出るとモチベーションも大幅アップし、意欲的に楽しく仕事ができるというわけです。

集中力も高まり、作業効率もアップしますから、同じ仕事を短時間で終了できるだけではなく、仕事の質も高まります。よい成果を収めることができるのです。

これが「嫌々」仕事を受けると、ノルアドレナリンが分泌されます。

ノルアドレナリンは単発では集中力アップ効果がありますが、毎日そういう状態で仕事に取り組んでいると、集中力も、仕事効率も低下し、無気力になります。同じ仕事をこなすのにも効率低下によって時間が費やされ、仕事の質も低下します。

こうなると、モチベーションはさらに低下します。ノルアドレナリンの分泌が長期に続くと、「うつ病」になるかもしれないのです。

ですから、仕事をする場合は「喜んで」取り組むべきです。そして、その仕事を任せてくれた上司に感謝、仕事を発注してくれたお客さんに感謝、取引先に感謝、仕事に協力してくれる同僚や部下に感謝します。

喜んで、感謝を忘れずに仕事をすれば、仕事は楽しくなり、うまくいきます。その気持ちが周囲に伝わり、仕事の仲間たちとのコミュニケーションが深まり、さらにいろいろな協力が得られて、全てが順調に進むのです。こうなると、なおさら仕事が楽しくなるでしょう。感謝とエンドルフィンの成功スパイラルが起きるのです。

最初に「喜んで」受けるか、「嫌々」受けるか。それだけの違いが、その後の明暗を完全に分けると思ってください。

「今の仕事が好きになれない」「今の仕事が楽しくない」という人も、とりあえず「喜んで」の姿勢で仕事に取り組んでみましょう。

仕事は好きでなくても、仕事の内容とは別に、お客さんには感謝できます。自分を助けてくれる部下や同僚にも感謝できます。

まずは「感謝」の気持ちをしっかりと持ち、笑顔で「喜んで承ります」と言ってみる。感謝の気持ちが本物なら、脳内でドーパミンやエンドルフィンが出ます。「楽しくない」仕事も、幸福物質と脳内麻薬の力で楽しくなるかもしれません。

失敗にまで感謝できれば、さらに成功は加速する

大きな失敗に直面したとき、「どうして失敗したんだ」と落ち込んだり、「自分が情けない」と自責的になったりするかもしれません。ですが、それではストレスホルモ

ンを分泌させるだけで、失敗から学ぶこともできません。

まず、失敗に感謝する。「失敗から学べてよかった」と考えられる人は、成功へと大きく加速します。エンドルフィンを出すことができるからです。

エンドルフィンはシナプスの可塑性を高めます。シナプス可塑性とはシナプスとシナプスとが結合する柔軟性のことで、シナプスの可塑性が高まると信号の通りがよくなり、結果として学習・記憶の効率が高まります。

したがって、エンドルフィンが分泌されたときの出来事は、しっかりと記憶されます。このため、失敗体験が記憶として定着し、経験として蓄積されるのです。さらにドーパミンとエンドルフィンの働きで、脳が新しいモチベーションを獲得して、次なる目標へとスタートすることができるのです。

大きな失敗をした場合、落ち込んでいる暇はありません。「失敗は成功のもと」と感謝することで、あなたの次の成功確率を大きく高められるのです。

成功者は、大部分がポジティブ思考です。私もたくさんの成功者とお会いしますが、ネガティブ思考の人は滅多にいません。

失敗してもいちいちクヨクヨしている人はいなくて、「失敗は成功のもと」とポジティブにとらえる人が、最終的には成功します。ポジティブ思考は「エンドルフィン思考」と言い換えてもいいでしょう。

常に感謝を忘れない。失敗にも感謝する。そのくらいのポジティブ思考ができるようになれば、あなたも自然にエンドルフィンが分泌されるようになります。さらには成功に向かって、猛烈に加速していくに違いありません。

Chapter 7 Summary

まとめ

- □ 脳内麻薬・エンドルフィンが分泌されると、至福感・恍惚感が出る
- □「アルファ波」が出るような癒しのとき、リラックスしたときにエンドルフィンは分泌する
- □ エンドルフィンが分泌されると、集中力、想像力、記憶力が高まる
- □ エンドルフィンは究極の癒し物質。精神的ストレスを解消し、身体を修復し、免疫力を高める
- □ エンドルフィンを出す方法として、「運動」「激辛料理を食べる」「油っぽいものを食べる」「チョコレートを食べる」「熱い風呂、サウナに入る」「鍼治療」などがある
- □ 目標は細分化し、行動はToDoリスト化しよう。やるべきことを明確化することがフローの準備状態を作る
- □ 人に感謝する。人から感謝されるとエンドルフィンが分泌される

さいごに

人間の脳の仕組みは、非常に複雑で難解ですが、シンプルに考えると意外に理解しやすいものです。

人間の行動は、大きく分けると2つしかありません。「快」刺激を求めるか、「不快」刺激を避けるか。

「快」刺激を得たときには、ドーパミンとエンドルフィンが出ます。これらは記憶力、学習力、想像力など脳の機能を大きく高めてくれますので、あなたの成功確率は飛躍的にアップします。

逆に「不快」刺激を受けると、ノルアドレナリン、アドレナリンが分泌されます。こちらは集中力、瞬発力を高め「火事場の馬鹿力」を発揮してくれます。ただし、長期に分泌しすぎると「コルチゾール」を高め、免疫力を下げて、心と体をズタズタにして、心と体の病の原因となります。

また、脳内物質を適量分泌させるには、規則正しい健康な生活習慣が不可欠です。

朝散歩をして午前中からセロトニンを活性化する。昼はアドレナリン全開でバリバリ働き、夜はアドレナリンをオフにしてリラックス。仕事も頑張り、休息もしっかりとって、メラトニンを出して熟睡し、疲労回復する。明日も100%頑張れる健康な生活習慣です。

本書では、こうした脳内物質のポテンシャルを引き出す「仕事術」と「生活習慣」について説明しました。おそらく、あなたは脳によくない仕事術と生活習慣をたくさんしていて、「ドキッ」としたはずです。

この脳内物質を正しく使う方法を学び、実行していただければ、あなたは今まで以上、何倍もの能力を発揮することが可能なはずです。あなたが頑張らなくても、脳内物質が勝手に仕事をしてくれるのですから。

本書を手にしたビジネスパーソンなら「仕事力をアップさせること」や「仕事の効率化」を実現して、バリバリ働きたいと思っているはずです。

ですが、私は精神科医なので、そうした働き方を推奨しません。それよりも、あなたに病気にならないでいただきたい。脳を疲労させない。「心の病」と「身体の病気」にもならない健康な身体を手に入れる方法を知っていただきたい。そう思って本書を書きました。

脳の仕組みにかなった合理的な方法で仕事をこなしていくことで、「仕事でバリバリ働く」ことと「心と体の健康」の両方が手に入れられるのです。無理して働くことは、仕事の効率を下げることであり、健康を害することなのです。

ぜひ、本書の仕事術と生活習慣を実行にうつし、あなたの日々の仕事と心と身体の健康に役立てていただきたいと思います。

2024年4月　樺沢紫苑

参考文献

【序章　あなたの働き方はあなたの脳が決めている】

『脳内物質のシステム神経生理学―精神精気のニューロサイエンス』（有田秀穂著、中外医学社）

『脳と心をあやつる物質　微量物質のはたらきをさぐる』（生田哲著、講談社）

【1　ドーパミン仕事術】

『脳を活かす勉強法 奇跡の「強化学習」』（茂木健一郎著、PHP研究所）

『脳を活かす仕事術「わかる」を「できる」に変える』（茂木健一郎著、PHP研究所）

『脳の力を100％活用するブレイン・ルール』（ジョン・メディナ著、NHK出版）

『脳を鍛えるには運動しかない！』（ジョン・J・レイティ著、NHK出版）

『最新脳科学で読み解く 脳のしくみ』（サンドラ・アーモット、サム・ワン著、東洋経済新報社）

『今すぐあなたを変える！ ビジネス脳を鍛える8つの行動習慣』（田中和秀著、三和書籍）

【2　ノルアドレナリン仕事術】

『ストレスに負けない脳 心と体を癒すしくみを探る』（ブルース・マキューアン、エリザベス・ノートン・ラズリー著、早川書房）

【3　アドレナリン仕事術】

『アドレナリンジャンキー プロジェクトの現在と未来を映す86パターン』（トム・デマルコ、ピーター・フルシュカ他著、日経BP社）

【4　セロトニン仕事術】

『共感する脳』（有田秀穂著、PHP研究所）

『脳からストレスを消す技術』（有田秀穂著、サンマーク出版）

『自殺という病』（佐々木信幸著、秀和システム）

『朝の5分間脳内セロトニン・トレーニング』（有田秀穂著、かんき出版）

『セロトニン欠乏脳』（有田秀穂著、NHK出版）

『「うつ」は食べ物が原因だった！』（溝口徹著、青春出版社）

【5　メラトニン仕事術】

『睡眠ホルモン 脳内メラトニン・トレーニング―よく眠れない人のための本』（有田秀穂著、かんき出版）

『驚異のメラトニン』（ウォルター・ピエルパオリ、キャロル・コールマン他著、保健同人社）

『奇跡のホルモン、メラトニン』（ラッセル・J・ライター、ジョー・ロビンソン著、講談社）

『脳機能を活性化する「超」快眠術』（苫米地英人著、牧野出版）

【6　アセチルコリン仕事術】

『メガブレイン―脳の科学的鍛え方』（マイケル・ハッチソン著、総合法令出版）

『記憶力を強くする』（池谷裕二著、講談社）

『海馬―脳は疲れない』（池谷裕二・糸井重里著、新潮社）

【7　エンドルフィン仕事術】

『快楽物質 エンドルフィン』（ジョエル・デイビス著、青土社）

『エンドルフィン 脳がつくるアヘン』（C・F・レヴィンソール著、地人書館）

『フロー体験　喜びの現象学』（M・チクセントミハイ著、世界思想社）

『脳がここまでわかってきた―分子生理学による「心の解剖」』（大木幸介著、光文社）

『よく「遊ぶ人」ほど成功できる あなたの夢を実現させる「脳」の使い方』（佐藤富雄著、フォレスト出版）

『脳内麻薬の真実 感情を支配する活性ホルモンとは』（高田明和著、PHP研究所）

『脳内麻薬と頭の健康 気分よければ頭もまたよし』（大木幸介著、講談社）

『脳内革命 脳から出るホルモンが生き方を変える』（春山茂雄著、サンマーク出版）

Ten Professional Development Benefits of Volunteering. (Everything I Learned in Life I Learned through Volunteering). Mary V. Merrill, LSW, Merrill Associates.

※それぞれ最も引用、参考にした章に記載していますので、当該章以外でも引用、参考にさせていただいています。

本書は、２０１０年に発売された
『脳内物質仕事術』（マガジンハウス）を
改題・大幅に加筆修正し、文庫化したものです。